Joel Osteen

Heute ist dein Tag

Über den Autor

Joel Osteen ist seit 1999 Hauptpastor der Lakewood Church in Houston, Texas. Diese ist derzeit Nordamerikas größte Gemeinde. Joel Osteen ist mit Victoria verheiratet, die selbst gelegentlich in der Gemeinde predigt, normalerweise aber die Frauenarbeit betreut. Victoria und Joel haben zwei Kinder, Jonathan und Alexandra.

JOEL OSTEEN

Heute ist *dein* Tag

8 Wege zu einem erfüllten Leben

Aus dem Englischen von
Bettina Hahne-Waldscheck

GerthMedien

INHALT

Er ist wie ein Baum, der nah am Wasser steht, der Frucht trägt jedes Jahr und dessen Blätter nie verwelken. Was er sich vornimmt, das gelingt.

PSALM 1,3

EINLEITUNG

Die beste Entscheidung Ihres Lebens war es, Gott zu Ihrem Mittelpunkt zu machen. Das war der *erste* entscheidende *Schritt*, um sich in Richtung Ihres vollen Potenzials zu entfalten. Der Weg, wie Sie nun jeden Tag ein außergewöhnliches Leben führen können, besteht darin, dass Sie in Ihrer Beziehung mit Gott *wachsen*. Die Bibel spricht davon, dass das Leben mit Gott wie ein Baum mit vielen Zweigen ist. Wenn ein Zweig mit dem Baum verbunden ist, kann er Nahrung und Leben empfangen. Dann ist er auch in der Lage, Frucht zu bringen. Auf die gleiche Art müssen wir mit Gott verbunden bleiben, damit wir seine Kraft empfangen und das erreichen können, was er für uns vorsieht.

In jeder Beziehung erfordert Wachstum Zeit, und deshalb erwartet Gott von uns nicht, dass wir perfekt sind. Er erwartet nicht, dass wir alles wissen. Er möchte nur, dass wir einen Schritt nach dem anderen mit ihm voranschreiten. Ihm ist es wichtig, dass er Ihnen seine Güte zeigen kann und Teil Ihres täglichen Lebens ist. Es mag sich zunächst vielleicht seltsam anfühlen, aber wie in jeder neuen Beziehung ist es so: Je mehr Zeit

Sie mit Gott verbringen, umso wohler und vertrauter fühlen Sie sich darin. Deshalb habe ich dieses Buch geschrieben – um Ihnen zu helfen, auf dem Weg mit Gott zu wachsen und mehr über ihn zu lernen.

Seien Sie heute gewiss, dass Gott größer ist als Ihre Vergangenheit, Ihre Enttäuschungen und Ihre Probleme. Sie haben vielleicht eine Menge falsch gemacht, aber Gott kann diese Dinge zum Guten wenden. Menschen haben Sie vielleicht verletzt, aber wenn Sie Gott vertrauen, dann wird er Sie heil machen. Stellen Sie sich das wie einen Jahreswechsel vor. Wenn sich der Winter in den Frühling verwandelt, dann ist das Alte vergangen, und das Neue beginnt. Die Vergangenheit war vielleicht kalt und trostlos. Womöglich sind Ihre Träume verschüttet und begraben worden. Aber jetzt ist Frühling! Der Frühling symbolisiert einen Neustart. Und damit ist es Zeit für neues Wachstum.

Sie sehen vielleicht jetzt noch nicht all die Veränderungen, die Sie sich wünschen, aber denken Sie daran: Sie sehen auch den Frühling nicht gleich in seiner vollen Blüte. Es dauert etwas, ehe die Blätter wieder sprießen und sich die Blüten entfalten. Es passiert nicht alles auf einmal. Auch mit Gott ist das so. Vertrauen Sie einfach darauf, dass er dabei ist, in jedem Bereich Ihres Lebens etwas Gutes zu wirken.

Seien Sie offen für das, was Gott Ihrem Herzen offenbart, während Sie diese Seiten lesen. In Teil eins dieses Buches zeige ich Ihnen acht Wege, wie Sie mit Gott verbunden bleiben und das Leben in der Fülle seiner Segnungen und seiner Gnade leben können. Teil zwei hilft Ihnen, sich mit dem meistgrößten Hindernis auseinanderzusetzen, das einer lebendigen Beziehung mit Gott im Weg steht: Hier meine ich Ihre Vergangenheit, die den Weg Ihres Neubeginns blockieren kann.

Zu guter Letzt werde ich Ihnen dann im dritten Teil einen großen Schatz an Weisheiten aus dem Fundament und der größten Inspirationsquelle für Ihre Beziehung zu Gott überhaupt vorstellen – der Bibel. Wenn Sie sich mit ihr beschäftigen, werden Sie lernen, wie Sie mit Ihren täglichen Herausforderungen durch die Kraft seines Wortes und seiner Verheißungen leben können.

Egal, was in Ihrem Leben passiert: Nehmen Sie sich immer Zeit für ihn, sodass Ihre Beziehung stärker wird und Sie Gottes reichen Segen erleben können, den er für Sie vorgesehen hat.

Womöglich sind Ihre Träume verschüttet und begraben worden. Aber jetzt ist Frühling! Der Frühling symbolisiert einen Neustart. Und damit ist es Zeit für neues Wachstum.

TEIL EINS

WEGE, WIE SIE MIT GOTT VERBUNDEN BLEIBEN KÖNNEN

Egal, wie Ihre momentanen Umstände aussehen: Heute ist ein brandneuer Tag, und Gott hat täglich etwas Neues in Ihrem Leben und Ihrer Beziehung mit ihm vor. Er hat in Ihnen Samen gesät, die Großes versprechen und die kurz vor dem Aufkeimen sind. Er möchte Ihnen eine ganz neue Vision für Ihr Leben schenken, eine, die auf unglaubliche Art und Weise mit seinen Segnungen und seiner Gnade gefüllt ist. Aber es liegt an Ihnen, ob Sie auf ihn zugehen. Im Folgenden zeige ich Ihnen acht Wege, wie Sie mit Gott verbunden bleiben. Es sind Wege, die das Versprechen beinhalten, Ihr Leben auf eine völlig neue Ebene zu bringen und alles rundum zu erneuern.

Alle gute Gabe und alle vollkommene
Gabe kommt von oben herab, von
dem Vater des Lichts.

JAKOBUS 1,17 (LÜ)

WEG NR. 1

HALTEN SIE AUSSCHAU NACH GOTTES GÜTE

Genau wie die Sonne Wärme ausstrahlt, strahlt Gott Güte aus. Es geht nicht nur darum, was er tut, sondern wer er ist. Gottes Wesen ist gut. Und darum ist es wichtig, dass wir erkennen, wie gut Gott ist. In der Bibel heißt es, *alle* gute Gabe kommt vom Vater im Himmel, kleine wie auch große Dinge.

Oftmals wirkt Gott in unserem Leben, erweist sich gnädig, beschützt uns, schickt uns Heilung, aber wir erkennen seine Güte nicht. Nehmen Sie das alles nicht selbstverständlich. Es war kein Zufall, dass Sie Ihren Ehepartner trafen und sich in ihn verliebten. Gott hat Ihre Schritte gelenkt. Dass Sie den Job bekamen, war nicht einfach nur ein Glücksfall, sondern Gottes wohlwollende Hand. Wenn Ihre Kinder stark und gesund sind, ist das nicht nur Glück. Das ist Gott, der es gut mit Ihnen meint. Wir sollten den ganzen Tag über „Danke, Gott, für deine Güte“ sagen.

In der Bibel heißt es, *alle* gute Gabe kommt vom Vater im Himmel, kleine wie auch große Dinge.

„Danke für meine Gesundheit, danke für meinen Ehepartner. Danke für all die Gelegenheiten und großen Chancen, die du mir geschenkt hast.“

Es ist wichtig, dass Sie nach Gottes Güte Ausschau halten. Unsere Haltung sollte so aussehen: *Ich kann es nicht abwarten zu sehen, was Gott heute tun wird.* Bei allem Guten, was geschieht, geben Sie Gott die Ehre. Es kann etwas Kleines sein. Vielleicht haben Sie plötzlich eine gute Idee. „Herr, danke für diese Idee. Ich weiß, sie kam von dir.“ Sie beenden ein Arbeitsprojekt früher und mit mehr Leichtigkeit, als Sie erwartet haben? „Herr, danke für deine Güte bei diesem Projekt.“ Gott wirkt ständig und zeigt uns seine Güte, aber viel zu häufig erkennen wir sie nicht. Viel zu oft warten wir auf die großen spektakulären Dinge.

> Wenn Sie Gottes Güte schmecken, dann muss Ihnen klar sein, dass jede gute Gelegenheit, jeder Augenblick, in dem Sie beschützt wurden, jede Tür, die sich geöffnet hat, und jeder Vorteil, den Sie bekamen, auf Gottes Wirken in Ihrem Leben zurückgeht.

Wann immer etwas Gutes passiert, danke ich Gott. Wenn ich seine Gunst sehe: „Danke, Gott.“ Wenn ich an etwas erinnert werde, das ich tun muss: „Danke, Gott.“ Wenn mich jemand auf die Autobahn einbiegen lässt: „Danke, Herr.“ Wenn die Temperatur in Houston unter 38 Grad fällt: „Danke, Gott.“ Wenn ich beschützt werde: „Danke, Gott.“ Wenn ich einen Durchbruch sehe: „Danke, Gott.“ Ich will damit ausdrücken: Es ist wichtig, dass wir mit einer Haltung der Dankbarkeit und Danksagung leben. Gott segnet eine dankbare Haltung.

Wenn etwas Gutes passiert, dann ist es Gott, der dahintersteckt. Danken Sie ihm auf jeden Fall dafür. Rechnen Sie es ihm zu. Sie denken vielleicht, Gott tue in Ihrem Leben gar nichts, aber er zeigt uns konstant seine Güte. Meine Frage: Erkennen Sie es? Sehen Sie sich diese Woche um. Seien Sie aufmerksamer. In Psalm 34,9 heißt es: „Schmecket und sehet, wie freundlich der Herr ist“ (LÜ). Wenn Sie Gottes Güte schmecken, dann muss Ihnen klar sein, dass jede gute Gelegenheit, jeder Augenblick, in dem Sie beschützt wurden, jede Tür, die sich geöffnet hat, und jeder Vorteil, den Sie bekamen, auf Gottes Wirken in Ihrem Leben zurückgeht. Nehmen Sie das nicht als selbstverständlich.

Ich hörte mal von einem Mann, der auf dem vollen Parkplatz herumfuhr und versuchte, eine Parklücke zu finden. Er fuhr immer wieder eine neue Runde. Schließlich wurde er so frustriert, dass er sagte: „Gott, wenn du mir jetzt einen Parkplatz gibst, gehe ich jeden Sonntag in die Kirche.“ Genau in dem Moment parkte ein Auto rückwärts aus, und während er einparkte, sagte er: „Ach, bemüh dich nicht, Gott, ich hab schon einen gefunden.“ So verhalten wir uns oft. Wir vergessen, dass alle guten Dinge von Gott stammen.

Jeder von uns kann zurücksehen und sich an Situationen erinnern, in denen Gott ihn beschützt hat, vor einem Unfall bewahrte, uns eine Beförderung gab, dafür sorgte, dass wir zur richtigen Zeit am richtigen Ort waren, oder einen Weg ebnete, wo kein Weg möglich schien. Werden Sie nie müde, Gott für seine Güte zu danken. Denken Sie an Ihre Erfolge. Erzählen Sie den Menschen in Ihrem Umkreis davon. Geben Sie mit der Güte Gottes an. Je mehr Großes Sie über Gottes Güte erzählen, desto mehr werden Sie davon sehen.

Heutzutage kommt es zu oft vor, dass wir, statt uns an unsere Erfolge zu erinnern, an unsere Niederlagen, unser Versagen, unsere Enttäuschungen denken. Aber wenn wir darüber nachdenken, was Gott für uns getan hat, dann wird der Glaube in unserem Herzen wachsen. Und wenn uns bewusst ist, dass Gott schon einmal etwas für uns getan hat, dann kann er es auf jeden Fall wieder tun.

Ich ermutige Sie dazu, drei Dinge zu tun:

1. *Erwarten* Sie Gottes Güte. Halten Sie jeden Tag schon beim Aufstehen Ausschau nach seinen Gaben.
2. *Erkennen* Sie Gottes Güte. Es gibt keine Zufälle, keine großartigen Chancen, bei denen man einfach nur Glück hatte. Es ist seine Güte.
3. *Danken* Sie Gott immer für seine Güte. Wann immer etwas Gutes passiert, groß oder klein, dann danken Sie Gott ganz schnell dafür. Leben Sie in einer Haltung der Dankbarkeit und Danksagung.

Wenn Sie diese Dinge tun, dann werden Sie mehr von Gottes Güte und Wohlwollen spüren, und Ihr Leben wird sich vollkommen verändern.

DAS KÖNNEN SIE TUN

Allerdings genügt es nicht, seine Botschaft nur anzuhören; ihr müsst auch danach handeln.

JAKOBUS 1,22

1. Machen Sie es sich zur Gewohnheit, Gott den ganzen Tag über für jeden Segen, große wie kleine Dinge, zu danken.

2. Legen Sie sich ein „Segens-Tagebuch" an, und schreiben Sie jeden besonderen Segen, jeden Durchbruch oder Erfolg, den Gott Ihnen gebracht hat, auf. Wenn Sie einmal der Mut verlassen sollte, können Sie durch das Tagebuch blättern und sich selbst an alles erinnern, was Gott in Ihrem Leben getan hat.

3. In Psalm 9,12 heißt es, dass wir allen von seinen machtvollen Taten erzählen sollen. Erzählen Sie anderen von den guten Dingen, die Gott in Ihrem Leben tut, und rechnen Sie es ihm zu. Es wird andere ermutigen, ihren Glauben stärken und sie dazu bringen, ebenfalls Gott zu loben.

Denn Gott hat nur an den Menschen

Gefallen, die ihm fest vertrauen.

HEBRÄER 11,6

WEG NR. 2

SETZEN SIE GOTT AN DIE ERSTE STELLE

Der wichtigste Weg zu einem Leben, das mit den Segnungen und der Güte Gottes angefüllt ist, besteht darin, ihn an die erste Stelle zu setzen. Wenn Sie Gott an die erste Stelle setzen und ihn zur obersten Priorität in Ihrem Leben machen, dann können Sie ein erfülltes Leben voll Segen erwarten. In der Bibel heißt es: „Denn Gott hat nur an den Menschen Gefallen, die ihm fest vertrauen." Beachten Sie, an wem Gott Gefallen hat. Nicht an Menschen, die ihn halbherzig suchen oder nur dann zu ihm kommen, wenn sie ein Problem haben. Gott hat Gefallen an Menschen, die ihm *fest* vertrauen.

In Psalm 34,10 heißt es: „Denn wer ihn ernst nimmt, der muss keinen Mangel leiden." Wenn Sie Gott täglich mit ganzem Herzen suchen, dann werden Sie seine guten Dinge nicht verpassen.

Was an einer Belohnung so besonders ist, ist, dass sie ausgeschrieben wird, noch bevor sie jemand beansprucht. Zum Beispiel gibt es Belohnungen für die Ergreifung von Ausbrechern.

Das Geld liegt schon in einem Fonds bereit und wartet nur darauf, dass jemand kommt und es beansprucht. Alles, was getan werden muss, ist, den Ausgebrochenen zu finden, und das Geld im Fonds wird ausgezahlt. Auf die gleiche Art und Weise hat auch Gott eine Belohnung festgelegt, die nur darauf wartet, ausgezahlt zu werden. Einzige Bedingung: Wir müssen seinen Anforderungen für diese Belohnung entsprechen. Und das Beste ist, Gott macht es uns dabei ziemlich einfach. „Du musst mich noch nicht einmal finden. Wenn du mich nur *suchst* – wenn du morgens aufstehst und mir dankst, mein Wort liest und dich bemühst, mir zu gefallen –, dann werde ich dir die Belohnung geben."

Jesus sagt in Matthäus 6,33: „Trachtet *zuerst* nach dem Reich Gottes und nach seiner Gerechtigkeit, so wird euch das alles zufallen" (LÜ). Der Schlüssel liegt hier im „Trachtet *zuerst* nach dem Reich Gottes". Mit anderen Worten: Sucht nicht nach dem Segen, sondern nach dem Segnenden. Lassen Sie sich nicht vom Materiellen einnehmen. Jagen Sie nicht Geld, Ruhm, Glück, mehr von diesem oder jenem hinterher. Trachten Sie nach Gott. Wenn Sie nach dem Segnenden suchen, dann verspricht er, dass Ihnen all diese anderen Dinge zufallen werden. Nicht ein paar Dinge. *Dies alles*. Gott ist ein Gott des Überflusses. Wenn Sie ihn an die erste Stelle setzen, dann werden Sie geradezu überschüttet von guten Dingen, die Gott Ihnen in den Weg legt. Sie müssen den guten Dingen nicht hinterherrennen. Er überschüttet Sie damit.

Lassen Sie sich nicht vom Materiellen einnehmen. Jagen Sie nicht Geld, Ruhm, Glück, mehr von diesem oder jenem hinterher. Trachten Sie nach Gott.

Manchmal stehen wir morgens auf und denken: *Ich möchte heute nicht in meiner Bibel lesen. Ich fühl mich nicht danach, zur Kirche zu gehen. Ich bin müde.* Aber sobald Sie es sich zur Gewohnheit machen und erleben, wie Sie sich danach erfrischt fühlen, bessere Entscheidungen treffen und Gottes Wohlwollen spüren, werden Sie denken: *Ich kann es mir nicht leisten, dies nicht zu tun.* Es wird Ihnen klar werden, dass Zeit mit Gott entscheidend dafür ist, ein erfolgreiches Leben zu leben.

In seinen letzten Lebensjahren war mein Vater Dialysepatient. Dreimal in der Woche musste er für vier Stunden in die Klinik fahren, um dort sein Blut reinigen zu lassen. Manchmal hatte er keine Lust zu gehen. Er war müde oder anderweitig beschäftigt oder wollte lieber etwas anderes tun. Doch das war egal. Er fuhr trotzdem. Warum? Sein Leben hing davon ab. Es war keine Option, es war überlebensnotwendig. Mein Vater liebte es, in der ganzen Welt herumzureisen, aber als er mit der Dialyse begann, musste er seine Pläne ändern und seine Prioritäten neu setzen. Er wusste, wie wichtig die Dialyse für ihn war.

Auf ähnliche Art muss es uns kostbar sein, Gott zu begegnen. Wir sollten es als lebensnotwendig betrachten. Wenn man viel zu tun hat, die Kinder einen brauchen, es hektisch im Büro zugeht, tausend Dinge gleichzeitig auf einen einstürmen, musss man Einhalt gebieten und sagen: „Nein, dies ist keine Option. Ich werde stark sein. Ich werde heute mein Bestes geben. Ich werde Gottes Gnade spüren, und ich muss meine Prioritäten so ändern, dass ich Zeit mit Gott verbringen kann."

Sie müssen dann vielleicht früher aufstehen: bevor die Kinder Sie brauchen, Sie Ihre Mails checken oder das Telefon zu klingeln beginnt. Nehmen Sie sich Zeit, um in Ihr geistliches Wohlergehen zu investieren. Wir geben unserem Körper mindestens drei Mahlzeiten pro Tag, aber unseren Geist nähren wir oft nur einmal in der Woche in der Kirche. Wir fragen uns, warum wir uns ausgebrannt, lustlos, wenig gesegnet, ohne Weisheit und Kreativität fühlen. Es liegt daran, dass wir uns keine Zeit nehmen, um wieder aufgefüllt zu werden. Genauso wie wir unseren Körper nähren, müssen wir auch unseren Geist nähren. Wenn Sie in Ihr geistliches Wohlergehen investieren, wird sich das vielfach in Ihrem Leben auszahlen.

Die Bibel sagt, in Gottes Gegenwart ist die Fülle der Freude, die Fülle des Friedens, die Fülle des Sieges. Dort werden Sie erfrischt und erneuert. Nehmen Sie sich zu Beginn jedes Tages Zeit, sich in seine Gegenwart zu begeben, zu beten und in der Bibel zu lesen. Heutzutage ist das Leben so voll, hektisch und laut. Aber wenn Sie sich Zeit allein mit Gott nehmen, ihn an die erste Stelle setzen, dann wird der Rest Ihres Tages so viel besser. Denken Sie den Rest des Tages an die vielen Versprechen Gottes. Hören Sie sich gute Lobpreismusik an. Wenn Sie zuerst nach ihm trachten, werden Sie eine reiche Belohnung ernten und das Leben im Überfluss bekommen.

In Gottes Gegenwart ist die Fülle der Freude, die Fülle des Friedens, die Fülle des Sieges.

DAS KÖNNEN SIE TUN

Allerdings genügt es nicht, seine Botschaft nur anzuhören; ihr müsst auch danach handeln.
JAKOBUS 1,22

1. Versuchen Sie mindestens 30 Minuten jeden Morgen Zeit mit Gott zu verbringen, indem Sie in der Bibel lesen, beten, ihn an die erste Stelle vor der Arbeit und vor andere wichtige Dinge setzen.

2. Zeigen Sie Gott während des Tages Ihre Anerkennung. Danken Sie ihm für seinen Segen und suchen Sie seine Leitung und Weisheit.

3. Machen Sie es sich zur Gewohnheit, innezuhalten und zu beten und nach Gottes Willen zu fragen, bevor Sie eine wichtige Entscheidung treffen.

Ich will alles vergessen, was hinter mir liegt, und schaue nur noch auf das Ziel vor mir.

PHILIPPER 3,13

WEG NR. 3

LASSEN SIE ALLE NEGATIVEN ERFAHRUNGEN HINTER SICH

Jeder von uns muss Enttäuschungen, Rückschläge und Kämpfe durchleiden, die wir nicht verstehen. Vielleicht haben Sie für einen geliebten Menschen gebetet, aber er ist nicht wieder gesund geworden. Sie haben an eine Beziehung geglaubt, aber es hat nicht funktioniert. Oder Sie haben in Ihrem Job oder Ihrer Firma das Beste gegeben, aber Ihre berufliche Laufbahn hat sich nicht wie geplant entwickelt. Eins der besten Dinge, die Sie tun können, ist, das alles loszulassen. Lassen Sie es hinter sich.

Wir können nicht erfolgreich sein und all das empfangen, was Gott für unsere Zukunft bereithält, wenn wir nicht lernen, unsere negativen Erfahrungen loszulassen. Wenn wir an diesen Erfahrungen festhalten, auf den negativen Gedanken und Emotionen herumreiten, uns fragen, warum es nicht funktioniert hat, dann öffnet das die Tür für Bitterkeit, Ärger und Selbstmitleid. Wir beginnen, anderen, uns selbst oder sogar Gott Vorwürfe zu machen, weil wir einen Umstand vielleicht nicht verstehen. Aber wenn wir diese Situation im Glauben an Gott abgeben, ermöglichen wir ihm, in unserem Leben weiterzuwirken und aus negativen Umständen etwas Gutes zu machen.

Unsere Haltung sollte so aussehen: „Gott, ich vertraue dir. Ich weiß, dass du die Kontrolle hast. Auch wenn es nicht so ausgegangen ist, wie ich es mir erhofft habe: Du hast gesagt, dass mir alle Dinge letztendlich zum Guten dienen. Deshalb glaube ich, dass du immer noch etwas Gutes für meine Zukunft bereithältst." Es liegt eine Kraft darin, loszulassen.

> Wir können nicht erfolgreich sein und all das empfangen, was Gott für unsere Zukunft bereithält, wenn wir nicht lernen, unsere negativen Erfahrungen loszulassen.

Vielleicht haben Sie Enttäuschungen erlebt, weil Sie unfair behandelt wurden und das Verhalten des anderen nicht verstehen. Sie könnten jetzt leicht bitter sein, mit einer Last auf Ihrer Schulter leben und Ihre Träume aufgeben. Nein, Gott arbeitet in diesem Moment an Ihrem Leben. Er leitet Ihre Schritte. Was Sie als Rückschlag empfunden haben, ist nur der Ausgangspunkt für ein Comeback. Gott stellt Sie auf die Position, von der aus Sie eine neue Etappe Ihres Weges meistern. Nun müssen Sie mit Gott in Einklang kommen. Schütteln Sie alles Selbstmitleid ab. Legen Sie alle Enttäuschungen ab. Hören Sie auf zu denken, dass Gott Sie im Stich gelassen hätte und Ihre Gebete nicht beantwortet. Nein, Gott hält Sie in seiner Hand und begleitet Sie auf Ihrem Weg.

Die Situation war vielleicht nicht fair, aber Gott ist fair. Wenn Sie loslassen und im Vertrauen vorwärtsgehen, dann verspricht Gott, dass er alles, was unfair war, wiedergutmachen wird. Aber solange Sie am Alten festhalten, wird es Sie vom Neuen fernhalten.

In jedem Leben gibt es Situationen, für die es keine logische Erklärung gibt. Dann müssen Sie die Größe haben zu sagen: „Ich verstehe nicht, warum das passiert ist, aber es ist okay, dass ich es nicht weiß. Ich muss nicht alle Antworten kennen. Du bist Gott, und nicht ich. Deine Wege sind nicht meine. Und weil du meine Schritte lenkst, werde ich keine weitere Minute damit verschwenden, alles verstehen zu wollen, was auf dem Weg hierher passiert ist." Das ist eine sehr befreiende Art und Weise zu leben.

Wenn Sie durchs Leben gehen und ständig versuchen herauszufinden, warum etwas Schlimmes passiert ist, warum etwas nicht geklappt hat, dann wird das nur bewirken, dass Sie bitter, frustriert und durcheinander sind. Es wird Ihr Leben vergiften. Wenn Gott möchte, dass Sie das *Warum* kennen, dann wird er es Ihnen sagen, denn er ist Gott. Aber wenn er es Ihnen nicht offenbart, dann müssen Sie die Sache in Ruhe lassen.

Von einigen Dingen möchte Gott nicht, dass wir sie wissen. Es heißt in Sprüche 25,2: „Es ist das Vorrecht Gottes, eine Sache zu verbergen" (NL). Wenn Sie Gott vertrauen möchten, müssen Sie akzeptieren, dass es unbeantwortete Fragen geben wird. Es wird nicht alles perfekt mit unserer Theologie zusammenpassen, aber wir können zurück zu dem zentralen Thema kommen, nämlich darauf wer Gott ist. Gott ist gut. Gott ist liebevoll. Gott ist gütig. Gott ist fair. Gott ist gerecht.

In Ihrem Auto gibt es vorne eine große Windschutzscheibe

und einen sehr kleinen Rückspiegel. Dies kann als Bild dafür gesehen werden, dass das, was in Ihrer Vergangenheit liegt, nicht halb so wichtig ist wie das, was vorne in Ihrer Zukunft liegt. Wohin Sie fahren, ist wichtiger als das, wo Sie eben noch waren. Aber wenn Sie immer nur an die Vergangenheit denken, werden Sie dort stecken bleiben, wo Sie gerade sind.

Wenn ein Traum gestorben ist, dann träumen Sie einen anderen Traum. Lassen Sie einen Rückschlag nicht darüber entscheiden, wer Sie sind. Lassen Sie einen Betrug, einen Fehler, eine Scheidung oder einen Konkurs nicht den Rest Ihres Lebens ruinieren.

Wohin Sie fahren, ist wichtiger als das, wo Sie eben noch waren. Aber wenn Sie immer nur an die Vergangenheit denken, werden Sie dort stecken bleiben, wo Sie gerade sind.

Denn all das sind nicht Sie. Das war nur ein weiterer Schritt auf dem Weg zu Ihrer von Gott gegebenen Bestimmung. Lassen Sie jetzt los und treten Sie in das neue Leben, das Gott für Sie bereithält. Hören Sie auf, über etwas zu jammern, was Sie nicht ändern können. Setzen Sie kein Fragezeichen, wo Gott einen Punkt gesetzt hat. Wenn Gott einen Punkt gesetzt hat, verschwenden Sie keine weitere Minute damit, nach dem Warum zu fragen und weiter darüber nachzugrübeln – sich in Selbstmitleid und dem Gefühl der Niederlage ergehend. Dieses Kapitel ist vorbei und abgeschlossen.

Dies ist ein neuer Tag. Gott hält eine weitere Gelegenheit für Sie bereit. Eine neue Beziehung, einen neuen Job, einen neuen Durchbruch, einen neuen Sieg. Machen Sie sich auf zu etwas Neuem.

DAS KÖNNEN SIE TUN

Allerdings genügt es nicht, seine Botschaft nur anzuhören; ihr müsst auch danach handeln.

JAKOBUS 1,22

1. Benennen Sie alles Negative aus Ihrer Vergangenheit, an dem Sie sich festklammern – Schmerz, Bitterkeit, Schuld und Versagen –, und geben Sie es bewusst Gott im Gebet ab. Lassen Sie all das los, und beschließen Sie fest in Ihrem Herzen, darüber nicht weiter nachzudenken.

2. Vergeben Sie in Ihrem Herzen jedem, der Ihnen unrecht getan hat – nicht demjenigen zuliebe, sondern Ihnen zuliebe. Wenn man nicht vergibt, ist das so, als würde man selbst Gift trinken, aber gleichzeitig erwarten, dass der andere dabei stirbt. Doch dadurch leidet man nur selbst. Geben Sie die Person und was sie getan hat, an Gott ab. Keiner ist besser in der Lage, sich darum zu kümmern.

Orientiert euch an dem, was wahrhaftig, gut und gerecht, was redlich und liebenswert ist und einen guten Ruf hat, an dem, was auch bei euren Mitmenschen als Tugend gilt und Lob verdient.

PHILIPPER 4,8

WEG NR. 4

DENKEN SIE SICH IN SIEGERPOSITION

Unser Kopf ist wie das Kontrollzentrum für unser Leben. Jede Entscheidung, die wir treffen, und alles, was wir tun, beginnt mit einem Gedanken. Somit bestimmen unsere Gedanken zum großen Teil die Richtung unseres Lebens. Daraus folgt, dass wir, wenn wir ein siegreiches Leben führen wollen, die richtigen Gedanken denken müssen.

In Jesaja 26,3 heißt es im übertragenen Sinn: Wenn wir uns auf Gott ausrichten, wird er uns Frieden geben. Damit hat Gott uns eine Möglichkeit gegeben, in vollkommenem Frieden zu leben, indem wir unsere Gedanken auf ihn ausrichten. Das bedeutet, dass wir nicht durch den Tag gehen und denken können: *Ich hoffe, mein Kind wird sich bessern. Was wird nur aus mir, wenn ich entlassen werde? Ich kann diese Krankheit vielleicht nicht überwinden.*

Wenn wir dieser Art Gedanken nachhängen, werden wir keinen Frieden finden. Über ein Problem nachsinnen, macht es nicht besser; es macht es schlimmer.

Deshalb müssen wir darauf achten, worüber wir nachdenken. Den ganzen Tag über sollten wir, während wir unterwegs sind, denken: *Gott hält mich in seiner Hand. Alle Dinge werden sich für mich zum Guten wenden. Dieses Problem trat nicht auf, um zu bleiben; es wird vergehen. Die Gerechten müssen viel Kummer erleiden, aber der Herr wird mich aus allem befreien.*

Der Apostel Paulus hat dieses Prinzip verstanden. Er hat in Apostelgeschichte 26,2 gesagt: „Ich schätze mich glücklich." Oder: „Ich bin sehr froh", dass ich vor König Agrippa eine Verteidigungsrede für meinen christlichen Glauben halten kann. Wenn man bedenkt, dass Paulus aufgrund der Anschuldigungen der Juden aus Jerusalem und wegen der Verteidigung seines Glaubens hätte sterben können, wären viele Menschen in seiner Lage sehr verzagt gewesen.

Die meisten von uns sind so auf ihre Probleme fokussiert, dass sie sich selbst in ihre Mutlosigkeit und Angst hineindenken. Die gute Nachricht ist: Genauso wie man sich selbst mithilfe seiner Gedanken in Depressionen, Angst oder eine Negativspirale bringen kann, kann man sich selbst auch glücklich denken. Ja, man kann sich sogar in Gelassenheit und in eine bessere Laune hineindenken.

Gehen Sie nicht durch den Tag, indem Sie über Ihre Probleme nachdenken und sich auf die Menschen konzentrieren, die Sie verletzt haben. Das wird Sie garantiert entmutigen. Viel wichtiger ist es, dass Sie anfangen, sich selbst glücklich zu denken. Sie sollten sich den ganzen Tag über sagen: *Meine besten Tage liegen noch vor mir. Etwas Großartiges wird meinen Weg kreuzen. Was mir hätte schaden sollen, wird Gott stattdessen zu meinem Vorteil nutzen. Meine größten Siege liegen noch in meiner Zukunft.*

Denken Sie absichtlich Powergedanken wie: *Ich bin stark. Ich bin gesund. Ich bin gesegnet.* Wenn Sie morgens mit solchen negativen Gedanken aufwachen: *Ich will nicht zur Arbeit gehen. Ich habe so viele Probleme. Ich muss gegen so viel ankämpfen,* dann ist es wichtig, dass Sie mehr denn je Vollgas geben und Ihre Gedanken umlenken zu: *Dies wird ein großartiger Tag. Dies ist der Tag, den der Herr gemacht hat. Ich bin gespannt, wie meine Zukunft werden wird. Mir wird heute etwas Gutes passieren.*

Hier ist der Schlüssel: Beginnen Sie den Tag nie neutral. Sie dürfen nicht abwarten, wie sich Ihr Tag entwickeln wird. Sie müssen vielmehr *entscheiden*, welche Art von Tag es sein wird. Wenn Sie also morgens aufstehen, sollten Sie Ihre Gedanken in die richtige Richtung ausrichten – noch bevor Sie die Nachrichten lesen, das Wetter checken oder überlegen, wie Sie sich fühlen. *Dies wird ein großartiger Tag.*

Wenn Sie Ihre Gedanken nicht selbst in die richtige Richtung ausrichten, wird es der Feind für Sie tun. Ganz oft hängt der Tag davon ab, wie wir ihn beginnen. Wenn Sie ihn negativ, entmutigt und lamentierend beginnen, dann wird das den Ton des ganzen Tages bestimmen und in einem schlechten Ergebnis resultieren. Sie sollten also darauf achten, dass Ihre Gedanken die richtige Richtung einschlagen, und Ihr Leben wird Ihren Gedanken folgen.

Unsere Gedanken sind der Ort, an dem wir unsere Ziele erreichen. Deshalb ist unser Hirn das erste große Ziel unseres Feindes. Der Feind trägt den Namen „der Verkläger unserer Brüder“. Er wird versuchen, uns an all unsere Fehler, unser Versagen, unsere Defizite zu erinnern. Doch so wie wir eine Fernbedienung haben, um die Sender in unserem Fernseher zu wechseln, müssen wir das Programm in unserem Kopf ändern, wenn diese verurteilenden, negativen Gedanken auftauchen.

Wenn also irgendein Gedanke in Ihren Kopf kommt, der nicht Gottes Wort entspricht, sollten Sie ihn sofort zurückweisen und mit der Wahrheit Gottes ersetzen. Gott hat Samen für Großes in uns gepflanzt. Er macht nichts durchschnittlich oder mittelmäßig. Aber damit Sie ihr volles Potenzial erreichen, müssen Ihre Gedanken mit dem übereinstimmen, was er über Sie sagt.

Ich bitte Sie, alle falschen Gedanken loszuwerden, die Ihr Denken vergiften, und sich stattdessen darauf zu konzentrieren, was Gott über Sie sagt. Wenn Sie Ihren Kopf mit den richtigen Gedanken füllen, wird es keinen Platz für die falschen Gedanken geben. Wenn Sie ständig umhergehen und denken: *Ich bin stark, ich bin gesund, ich bin gesegnet, ich stehe in der Gunst Gottes,* dann wird dort ein „Besetzt"-Schild sein, wenn die schlechten Gedanken anklopfen. „Sorry, kein Raum für euch." Sie werden nicht mehr hereinkommen können.

Denken Sie daran, Sie werden zu dem, was Sie denken. In Sprüche 23,7 heißt es: „Wie er in seiner Seele […] *denkt*, so *ist* er" (SÜ).

Denken Sie daran: Sie werden zu dem, was Sie denken. In Sprüche 23,7 heißt es: „Wie er in seiner Seele […] *denkt*, so *ist* er" (SÜ). Richten Sie jeden Morgen schon beim Aufstehen Ihre Gedanken in die richtige Richtung aus. Sinnen Sie nicht über ein Problem nach; sinnen Sie über die Versprechen in Gottes Wort nach. Lernen Sie, sich selbst glücklich zu denken. Denken Sie sich selbst gelassen und denken Sie sich selbst siegreich. Der Sieg beginnt in unserem Denken.

Wenn Sie die Gewohnheit entwickeln, Ihren Sinn so zu disziplinieren, dass er die richtigen Gedanken denkt und sich darauf konzentriert, was Gott sagt, dann werden Sie mehr Frieden haben und mehr von Gottes Wohlwollen und Sieg in jedem Bereich Ihres Lebens spüren. Und ich glaube und versichere Ihnen, Sie werden jedes Hindernis überwinden und immer mehr so werden, wie Gott Sie geplant hat.

DAS KÖNNEN SIE TUN

Allerdings genügt es nicht, seine Botschaft nur anzuhören; ihr müsst auch danach handeln.

JAKOBUS 1,22

1. Lesen und verinnerlichen Sie die Bibelstellen zum Thema Gedankenkontrolle im Anhang Nummer 3, um dieses Prinzip besser zu verstehen.

2. Achten Sie in den nächsten 30 Tagen ganz besonders auf Ihre Gedanken. Trainieren Sie sich selbst, schnell die Gedanken zu verwerfen, die negativ, ängstlich, zweifelnd oder sonst irgendwie nicht im Einklang mit Gottes Wort sind, und ersetzen Sie sie mit positiven Gedanken des Glaubens, des Sieges und der Dankbarkeit.

Wo keine Vision ist,

wird das Volk zügellos.

SPRÜCHE 29,18 (NACH KING JAMES)

WEG NR. 5

HALTEN SIE AN IHRER VISION FEST

Wir haben alle eine Vision. Jeder von uns hat ein Bild in seinem Kopf von sich selbst, seiner Familie und seiner Zukunft. Die Frage ist nur: Wie sieht dieses Bild aus? Sehen Sie sich selbst immer höher aufsteigen, Hindernisse überwinden und ein Leben in Fülle leben? Oder haben Sie ein Bild von sich, wie Sie sich abkämpfen, ständig unterlegen sind, abhängig, übergewichtig und ohne richtige Chancen? Die Bilder, die Sie in Ihrem Kopf zulassen, werden darüber entscheiden, welche Art Leben Sie führen. Deshalb ist es wichtig, dass Sie Ihre Vision schützen. Wenn Ihre Vision begrenzt ist, wird Ihr Leben begrenzt sein. Dies entspricht dem, was wir im vergangenen Kapitel in Sprüche 23,7 gelesen haben.

> Sehen Sie sich selbst immer höher aufsteigen, Hindernisse überwinden und ein Leben in Fülle leben?

Bevor ein Traum wahr werden kann, müssen Sie sich selbst bei der Erfüllung dieses Traumes sehen – es sich bildlich vorstellen.

Bevor Sie Gewicht verlieren oder mit einer Abhängigkeit brechen, müssen Sie sich das in Ihrer Vorstellung ausmalen. Die Bilder, die Sie vor sich sehen – Ihre Vision –, füllen nicht nur Ihren Geist, sondern gehen auch in Ihr Unterbewusstsein über. Und sobald ein Gedanke in Ihrem Unterbewusstsein festsitzt, wird er Sie in diese Richtung ziehen, ohne dass Sie weiter darüber nachdenken müssen.

Viele Menschen haben negative Bilder in ihrem Unterbewusstsein. Sie sehen sich selbst als schwach, unterlegen und minderwertig an und fragen sich, warum es sich so anfühlt, als würde sich immer irgendetwas gegen sie stemmen – warum ihr ganzes Leben ein Kampf ist. Sie haben nie ein gutes Gefühl in Bezug auf sich selbst. Das liegt daran, dass sie die falschen Bilder über sich im Kopf haben.

Wenn Sie diese Bilder ändern und sich selbst durch Gottes Augen sehen – gesegnet, blühend, gesund, stark, talentiert, erfolgreich –, statt immer die Hindernisse zu sehen, dann wird das den Weg für Sie ebnen. Sie werden nach vorne gehen in Richtung Segen, Gunst und Wachstum. Unsere Vorstellungskraft ist extrem machtvoll. Gott hat über die Menschen, die den Turm von Babel bauten, gesagt: „Was sie gerade tun, ist erst der Anfang, denn durch ihren vereinten Willen wird ihnen von jetzt an jedes Vorhaben gelingen!" (1. Mose 11,6). Sobald Sie also ein Bild von etwas haben, entweder gut oder schlecht, werden Sie darauf zugehen.

Vor einigen Jahren kam eine Frau zum Gebet nach vorne zum Altar. Sie hatte gerade eine schmerzhafte Scheidung hinter sich. Der Mann, mit dem sie lange verheiratet gewesen war, hatte sie wegen einer anderen Frau verlassen. Sie weinte und nannte mir alle möglichen Gründe, warum sie nie wieder jemanden kennenlernen und sicher nicht wieder heiraten würde: Sie sei zu alt, unattraktiv und so weiter. Nichts davon stimmte. Ich bat sie um Folgendes, um ihr dabei zu helfen, einen neuen Blickwinkel zu bekommen.

Ich sagte: „Holen Sie sich einen Bilderrahmen und stellen Sie ihn auf den Nachttisch neben Ihrem Bett, nur einen leeren Rahmen. Jedes Mal, wenn Sie den Rahmen ansehen, stellen Sie sich ein Bild von sich vor, zusammen mit dem neuen Partner, den Gott in Ihr Leben bringen wird."

Als Tat des Glaubens stellte sie daraufhin einen Rahmen auf ihren Nachttich. Jedes Mal, wenn sie ihn sah, dankte sie Gott, dass er ihre Schritte leitete, die richtige Person in ihr Leben bringen und ihr Schönheit statt Asche schenken würde. Damit schüttelte sie auch das Bild von Niederlage, Einsamkeit und Depression ab. Und sie begann, sich selbst als erfüllt und voller Freude mit der Person ihrer Träume zu sehen.

Drei Jahre später kehrte sie zurück zum Altar. Wieder weinte sie. Aber dieses Mal waren es Tränen der Freude. Sie sagte, dass der gut aussehende Gentleman an ihrer Seite die Person sei, die sie im Bilderrahmen gesehen hatte, und dass sie am folgenden Wochenende heiraten würden.

Was befindet sich in Ihrem Bilderrahmen? Was sehen Sie, wenn Sie in Ihre Zukunft blicken? Das Gleiche wie bisher? „Ich habe meine Grenzen erreicht. Meine Firma wird nie erfolgreich sein. Ich werde immer einsam, übergewichtig und abhängig sein." Dieses Bild wird Sie dort halten, wo Sie sind. Stattdessen ist es wichtig, dass Sie den Inhalt Ihres Rahmens ändern. Sie müssen ein neues Bild hineinstellen. Beginnen Sie, sich selbst als stark, schön, erfolgreich, erfüllt zu sehen. Ihr Leben wird sich nicht ändern, bis Sie das Bild ändern.

In Sprüche 29,18 (nach der King-James-Übersetzung) heißt es: „Wo keine Vision ist, wird das Volk zügellos.“ Dort steht nicht, wo kein Geld, keine Gelegenheit, kein Talent ist. Was uns limitiert, ist ein Mangel an Vision. Wagen Sie es, wieder zu träumen. Wagen Sie es, eine große Vision für Ihr Leben zu haben und darauf zu vertrauen, dass Gott diese verwirklichen wird. Sie müssen sich nicht überlegen, wie das geschehen soll. Alles, was Sie tun müssen, ist, daran zu glauben. Ein wohlwollender Wink von Gott kann jeden Traum erfüllen. Aber Sie müssen ihn innerlich sehen, bevor er auch nach außen verwirklicht werden kann.

> Wagen Sie es, wieder zu träumen. Wagen Sie es, eine große Vision für Ihr Leben zu haben und darauf zu vertrauen, dass Gott diese erfüllen wird.

Sie haben vielleicht Enttäuschungen durchgemacht, aber dies ist ein neuer Tag. Ihre größten Siege liegen noch in Ihrer Zukunft. Legen Sie sich eine brandneue Vision des Sieges für Ihr Leben zu, und eines Tages werden Sie, statt nur einen Traum zu haben, diesen Traum auch leben. Ihre Vision wird Wirklichkeit werden.

DAS KÖNNEN SIE TUN

Allerdings genügt es nicht,
seine Botschaft nur anzuhören;
ihr müsst auch danach handeln.
JAKOBUS 1,22

1. In Habakuk 2,2 heißt es: „Was ich dir in dieser Vision sage, das schreibe in deutlicher Schrift auf Tafeln!" Verbringen Sie während der kommenden Woche einige Zeit damit, für Ihre Vision für Ihr Leben zu beten und sie aufzuschreiben. Seien Sie so genau und detailliert wie möglich. Was ist Ihre Vision für Ihr geistliches Leben? Beziehungen? Karriere? Finanzen? Gesundheit? Andere Bereiche Ihres Lebens? Stellen Sie sicher, dass Ihre Vision groß genug ist, sodass Sie Gottes Hilfe dabei benötigen, um sie zu verwirklichen. Es braucht keinen Glauben, wenn Sie es alleine vollbringen können.

2. Wenn Sie visuell veranlagt sind, schneiden Sie einige Bilder aus Zeitschriften aus, die Ihre Vision für Ihr Leben repräsentieren. Hängen Sie sie an Ihrem Kühlschrank oder im Badezimmer auf. Oder machen Sie aus den Bildern eine Collage zum Thema „Lebensvision", um ein inspirierendes Bild zu haben, auf das Sie Ihren Glauben ausrichten können.

3. Wenn Sie gegen eine ernste Krankheit ankämpfen, dann machen Sie es wie meine Mutter, die metastasierenden Leberkrebs hatte und dann überall im Haus Bilder von sich aufgehängt hat, aus der Zeit, in der sie gesund war und Aktivitäten nachgegangen ist, die ihr Spaß gemacht haben. Das wird Ihnen helfen, eine Vision von sich zu bekommen, wie Sie gesund und geheilt aussehen.

Viel Gutes bekommt ein Mann

durch die Frucht seines Mundes.

SPRÜCHE 12,14 (LÜ)

WEG NR. 6

ACHTEN SIE DARAUF, WAS SIE ÜBER SICH SELBST SAGEN

Das, was den einfachen Worten „Ich bin" folgt, hat großen Einfluss darauf, welche Art Leben Sie leben. „Ich bin gesegnet, ich bin stark, ich bin gesund." Oder: „Ich bin langsam, ich bin unattraktiv, ich bin eine schlechte Mutter." Die *Ich-bins*, die aus Ihrem Mund kommen, werden Erfolg oder Versagen nach sich ziehen. Den ganzen Tag über ist der Einfluss von dem, was Sie über sich selbst denken oder sagen, unbewusst spürbar.

> Das, was den einfachen Worten „Ich bin" folgt, hat großen Einfluss darauf, welche Art Leben Sie leben.

Wenn wir einen Fehler machen: „Ich bin so ungeschickt."

Wenn wir in den Spiegel sehen: „Ich bin so alt."

Wenn wir jemand sehr Begabten sehen: „Ich bin so durchschnittlich."

Wenn wir in eine Radarkontrolle geraten: „Ich hab solch ein Pech."

Oftmals beeinflusst uns das, was wir über uns sagen oder denken, uns ganz konkret in unserem Alltag. Und es ist uns nicht bewusst, wie sehr das auch unsere Zukunft beeinflusst.

Das Grundprinzip ist Folgendes: Was dem „Ich bin" folgt, wird Wirkungen auf Sie haben. Deshalb ist es so wichtig, dass Sie sorgfältig darauf achten, was dem „Ich bin" folgt. Sagen Sie nie: „Ich habe so ein Pech, ich bekomme nie eine gute Gelegenheit." Damit öffnen Sie Enttäuschungen Tür und Tor. „Ich bin so pleite, ich habe solche Schulden." Damit lassen Sie den Mangel erst recht zu.

Sie müssen neue Einladungen aussprechen. Laden Sie schon morgens die guten Dinge in Ihr Leben ein und sagen Sie: „Ich bin gesegnet; ich bin stark; ich bin talentiert; ich bin diszipliniert; ich bin erfolgreich."

Welche Art von „Ich-bins" kommen aus Ihrem Mund? Wenn Sie die richtigen Dinge über sich denken oder sagen, dann laden Sie gleichzeitig das Wohlwollen Gottes in Ihr Leben ein.

Worte haben kreative Kraft. Mit ihnen können Sie die Zukunft segnen oder verfluchen. Worte sind wie Elektrizität. Wenn sie richtig gebraucht wird, dann ist Elektrizität sehr hilfreich. Sie gibt den Strom für Licht, Computer und alle möglichen guten Dinge. Aber auf falsche Art benutzt, kann Elektrizität sehr gefährlich sein und uns verletzen. Genauso ist es mit unseren Worten. In Sprüche 18,21 heißt es: „Worte haben Macht: Sie können über Leben und Tod entscheiden."

Benutzen Sie Worte nicht, um Ihre Umstände zu beschreiben; benutzen Sie sie, um Ihre Umstände zu *ändern*. Nutzen Sie Ihre Worte, um die Zukunft zu segnen, nicht um sie zu verfluchen. In Joel 4,10 heißt es: „Der Schwache *spreche*: Ich bin stark!“ (LÜ). Machen Sie sich bewusst: Die im Vers Gemeinten mögen vielleicht schwach sein, aber sie sollen dennoch sagen: „Ich bin stark.“ Nicht: „Ich bin so müde; ich bin so am Ende.“ Solche Worte halten einen nur weiterhin im Tief. Gott trägt den Menschen auf zu berichten, was sie sich wünschen, nicht wie ihre momentanen Umstände sind.

Lass die Armen sagen: „Ich bin wohlhabend“, nicht: „Ich bin pleite.“

Lass die Kranken sagen: „Ich bin gesund, stark und fit.“

Wenn Sie sich in einer finanziellen Krise befinden, gehen Sie nicht umher und sagen Sie: „Das Geschäft läuft nicht gut. Die Wirtschaft ist am Boden. Es wird sich nie bessern.“

Jesus hat in Markus 11,24 gesagt: „Um was ihr auch bittet – glaubt fest, dass ihr es schon bekommen habt, und Gott wird es euch geben!“ Das funktioniert im Negativen wie im Positiven. Sagen Sie deshalb aus Ihrem Glauben heraus: „Ich bin gesegnet, ich bin erfolgreich, ich bin umgeben von Gottes Güte.“

Vielleicht haben Sie sich durch etwas bremsen lassen, was jemand über Sie gesagt hat – ein Trainer, ein Lehrer, Eltern, ein Ex-Ehepartner. Diese Menschen haben negative Samen in Sie gesät, die alles, was Sie nicht können, beinhalten. „Du bist nicht klug genug. Du hast nicht genug Talent. Du bist nicht diszipliniert genug. Du bist nicht attraktiv genug. Du wirst immer nur Dreien bekommen. Du wirst immer nur durchschnittlich sein. Du wirst immer mit deinem Gewicht kämpfen müssen.“ Nein! Werden Sie diese Lügen los. Sie entsprechen nicht dem, wer Sie sind.

Sie sind das, was Gott über Sie sagt. In Psalm 107,2 heißt es: „So sollen sagen, die erlöst sind durch den Herrn“ (LÜ). Gott möchte, dass wir es *so sagen*, dass wir vorausschauend sind und frei heraus sagen, was in seinem Wort über uns steht. Wenn wir das nicht tun, wird der Feind es für uns tun, oder andere Menschen werden über uns sprechen.

Menschen haben vielleicht versucht, Sie niederzudrücken und Ihnen zu sagen, was Sie nicht werden können. Lassen Sie das in ein Ohr rein- und aus dem anderen wieder rausgehen. Was jemand über Sie gesagt hat, bestimmt nicht Ihr Schicksal; Gott bestimmt es. Sie müssen wissen, wer Sie sind und wer Sie nicht sind. In anderen Worten: „Ich bin nicht, was Menschen über mich behaupten. Ich bin das, was Gott über mich spricht. Ich bin nicht das Schlusslicht. Ich bin vorne an der Spitze. Ich muss mir nichts ausborgen oder mich verschulden, sondern ich bin derjenige, der verleiht. Ich bin nicht verflucht, nein, ich bin gesegnet.“

> Unsere Haltung sollte vielmehr sein: *„Ich bin bestätigt vom allmächtigen Gott. Ich bin angenommen. Ich bin ein Meisterwerk.“*

Bevor Ihnen irgendjemand Übles wünschen konnte, hat Gott seinen Segen über Sie gesprochen.

Bevor Sie im Schoß Ihrer Mutter entstanden sind, hat Gott Sie gekannt und Sie für gut befunden.

Als Gott Sie erschuf, hat er gesagt: „Er/sie gefällt mir. Das ist gut. Ein weiteres Meisterwerk!“ Er hat Ihnen seine Qualitätsurkunde verliehen.

Andere Menschen wollen Sie vielleicht diskreditieren, doch laufen Sie nicht mit dem Gefühl der Unsicherheit oder Minderwertigkeit durch die Gegend. Unsere Haltung sollte vielmehr sein: „*Ich bin bestätigt vom allmächtigen Gott. Ich bin angenommen. Ich bin ein Meisterwerk.*“ Wenn Sie so reden, werden die Samen für all das Große, die Gott in Sie hineingesät hat, aufgehen.

DAS KÖNNEN SIE TUN

Allerdings genügt es nicht, seine Botschaft nur anzuhören; ihr müsst auch danach handeln.

JAKOBUS 1,22

1. Beschäftigen Sie sich eingehend mit den Bibelstellen in Anhang 5 über die Macht unserer Worte, um dieses geistliche Prinzip besser zu verstehen.

2. Nutzen Sie die Liste der positiven Aussagen in Anhang 6, um jeden Tag Worte des Glaubens und Sieges über Ihr Leben zu sprechen.

Der Mund der Toren ergeht sich in Torheit.

SPRÜCHE 15,14 (EÜ)

WEG NR. 7

WÄHLEN SIE SORGSAM AUS, MIT WEM UND WAS SIE SICH UMGEBEN

Unsere Augen und Ohren sind das Tor zu unserer Seele. Was wir uns ansehen, was wir hören und mit wem wir uns abgeben, hat ständig Einfluss auf uns. Wenn Sie die ganze Zeit minderwertige Nahrungsmittel zu sich nehmen – Bonbons, Limonade, Schokoriegel –, dann werden Sie sich nicht sehr gesund fühlen. Ähnlich ist es, wenn Sie sich Dinge ansehen, die ungesund sind, sich Dinge anhören, die Sie runterziehen, und sich mit Menschen umgeben, die negativ sind und schlecht über andere reden. Sie füttern dann Ihre Seele mit Junkfood. Sie können mit so einer Form der *Ernährung* nicht stark im Herrn sein und zu all dem werden, was Gott für Sie geplant hat. Sie müssen extrem wählerisch mit dem sein, was Sie auf sich einströmen lassen. Auf den Punkt gebracht: Du bist, was du isst.

Heute haben wir mehr denn je die Möglichkeit, die falschen Dinge zu uns zu nehmen. Es gibt über 140 Fernsehkanäle. Wir haben das Internet, Smartphones, Zeitschriften, Reklametafeln. Überall, wo wir hinblicken, strömen Informationen auf uns ein, die versuchen, uns zu beeinflussen. Es ist nicht alles schlecht, und es ist nichts Falsches daran, sich unterhalten zu lassen, aber Sie müssen achtsam bleiben.

In Sprüche 15,14 heißt es: „Ein Narr aber erfreut sich an Sinnlosem (NL)." Füllen Sie Ihren Geist und Sinn nicht mit Sinnlosem. Wenn Sie ihn mit Sinnlosem füllen, dann wird auch Sinnloses rauskommen. Wenn Sie Sendungen sehen, in denen Menschen ständig Kompromisse machen und in Beziehungen untreu sind, dann seien Sie nicht überrascht, wenn Sie schließlich dasselbe tun. Wenn Sie beobachten, wie Menschen unehrlich sind, andere reinlegen und alles Mögliche tun, um auf Kosten anderer vorwärtszukommen, dann dringt das in Ihr Unterbewusstsein. Nach und nach desensibilisiert es Sie und wird für Sie immer akzeptabler. Etwas, das Sie früher noch schockiert hat, tangiert Sie dann nicht mehr besonders. Ehe Sie sich's versehen, denken Sie wahrscheinlich: *Hey, so eine große Sache ist das nun auch wieder nicht. Jeder tut das doch.*

Füllen Sie Ihren Geist und Sinn nicht mit Sinnlosem. Wenn Sie ihn mit Sinnlosem füllen, dann wird auch Sinnloses rauskommen.

Sie werden zu dem, was Sie in sich aufnehmen. Deshalb sollten Sie Inventur darüber machen, was Sie in sich aufnehmen. Was sehen Sie? Was hören Sie sich an? Welche Art Werte spiegeln diese Sendungen wider? Ist es gesund, und inspiriert es Sie dazu, besser zu sein, und baut es Sie auf? Wenn nicht, dann nehmen Sie die nötigen Veränderungen vor. Ernähren Sie sich nicht mit Torheit und Wertlosem.

In Psalm 1,1 lesen wir, dass wir nicht dem Rat der Gottlosen folgen sollen. Wenn Sie gesegnet sein wollen, dann können Sie nicht passiv dabeisitzen, während Menschen tratschen, unanständige Witze erzählen, jammern und klagen. Sie müssen Sie nicht völlig umkrempeln oder ihnen die Bibel vorlesen, aber Sie sollten achthaben, was Sie sich anhören und wann es Zeit ist, zu gehen. Bleiben Sie nicht einfach sitzen, ohne zu handeln. Wenn ein unpassendes Programm oder eine unpassende Werbung auftauchen, und Sie hören Ihre innere Alarmglocke, dann bleiben Sie nicht tatenlos sitzen. Greifen Sie nach der Fernbedienung und wechseln Sie den Sender. Gott wird das nicht für Sie tun.

Folgen Sie der Masse wie die Hühner oder erheben Sie sich mit ausgebreiteten Schwingen in die Höhe wie ein Adler?

Sie müssen selbst die Initiative ergreifen, um sich zu schützen. Vielleicht sehen Sie zusammen mit Ihren Freunden einen Film an und Sie haben kein gutes Gefühl dabei. Dann gehen Sie nicht einfach mit der Masse mit und denken Sie nicht: *Die regen sich vielleicht über mich auf, wenn ich was gegen den Film sage. Die werden es nicht verstehen. Die meinen vielleicht, ich sei altmodisch, und machen sich über mich lustig.* Vielmehr ist es wichtig, dass Sie sich selbst fragen: Will ich den Menschen gefallen oder Gott? Folgen Sie der Masse wie die Hühner oder erheben Sie sich mit ausgebreiteten Schwingen in die Höhe wie ein Adler? Bleiben Sie nicht passiv.

Mehrmals vergleicht uns die Bibel mit einem Adler. Adler sind sehr majestätische Tiere und fliegen von allen Vögeln am höchsten. Genauso sieht uns Gott. Er hat uns nach seinem Bilde geschaffen und hat Samen in uns gelegt, die Großes versprechen. Adler ernähren sich nur von frischem lebendigem Essen, während Bussarde, Geier und Krähen alles Mögliche fressen, auch Aas. Der Adler bekommt seine Kraft durch gesunde Ernährung. Wenn wir schweben wollen wie ein Adler und die Person werden wollen, die Gott sich gedacht hat, dann müssen wir uns von guten Dingen ernähren.

Im heutigen technischen Zeitalter haben wir mehr Möglichkeiten dazu denn je. Es gibt mittlerweile viele christliche Sender und andere positive Programme im Fernsehen. Außerdem können Sie sich gute Inhalte auf CD, im Radio und übers Internet anhören oder Sie auf Ihren MP3-Player runterladen. Darüber hinaus gibt es so viele großartige christliche Bücher und tägliche Andachten und eine Unmenge guter christlicher Musik. Es ist einfach, das Richtige zu sich zu nehmen, wenn man sich bewusst dafür entscheidet.

Der durchschnittliche Deutsche verbringt im Laufe seines Lebens 2,6 Jahre in seinem Auto, um zur Arbeit zu kommen. Viele Menschen nutzen diese Zeit, um sich mit den falschen Dingen zu beschäftigen. Ich höre mir gern die Nachrichten an, aber ich habe gelernt, dass das einen nicht gerade aufbaut. Sobald Sie das Wichtigste gehört haben, können Sie umschalten und die restliche Zeit nutzen, um sich etwas Erbauliches anzuhören. Hören Sie etwas, das Ihnen hilft zu wachsen und Sie positiv inspiriert.

Sie werden zu dem, was Sie in sich hineinlassen und womit Sie sich umgeben. Umgeben Sie sich nicht mit Müll. Seien Sie wie ein Adler. Seien Sie diszipliniert hinsichtlich dessen, was Sie sich ansehen und anhören. Treffen Sie die Entscheidung, alles loszuwerden, was Sie nicht aufbaut und Ihnen nicht beim Wachsen hilft. Wenn Sie sorgsam auswählen, was Sie sich einverleiben, dann werden Sie wachsen, mehr von Gottes Güte spüren und meiner Ansicht nach zu all dem werden, zu dem Gott Sie bestimmt hat.

DAS KÖNNEN SIE TUN

Allerdings genügt es nicht, seine Botschaft nur anzuhören; ihr müsst auch danach handeln.

JAKOBUS 1,22

1. Wechseln Sie schnell den Sender oder das Fernsehprogramm, wenn etwas auftaucht, das Ihren Kopf und Ihre Gedanken nicht mit dem Richtigen füllt.

2. Bleiben Sie nicht still und tatenlos bei Kollegen oder anderen Menschen sitzen, die schlecht über andere reden, sich dauernd beschweren und negativ sind.

3. Nutzen Sie Ihre Fahrtzeiten und weitere freie Zeit, um sich gute Inhalte, Lobpreismusik oder Predigten anzuhören. So werden Sie ermutigt und in Ihrem Glauben gestärkt.

… lasst uns alles ablegen, was uns in dem Wettkampf behindert, den wir begonnen haben – auch die Sünde, die uns immer wieder fesseln will …

HEBRÄER 12,1

WEG NR. 8

WERDEN SIE DIE BESTE VERSION VON SICH SELBST

Wenn wir ein siegreiches Leben in Christus leben wollen, müssen wir bereit sein, uns mit allem auseinanderzusetzen, was uns davon abhält, die beste Version von uns selbst zu sein. Dazu gehören zum Beispiel eine Abhängigkeit, eine schlechte Gewohnheit oder ein cholerisches Temperament. Vielleicht schaffen Sie es nicht pünktlich zur Arbeit, behandeln jemanden nicht richtig oder sind überkritisch. Gott lässt uns immer an etwas arbeiten. Er beruft uns immer zu Höherem. Aber jedes Mal, wenn wir uns weiterentwickeln, müssen wir eine unliebsame Gewohnheit überwinden.

Manchmal fragen wir uns, warum wir so auf der Stelle treten und warum wir unserem täglichen Trott nicht entkommen können. Es könnte daran liegen, dass wir uns nicht mit dem auseinandersetzen, was Gott bei uns ans Licht bringt. Wenn Sie dieses Drängen im Innern fühlen – etwas, das sagt: „Ich sollte diese Person besser behandeln. Ich sollte pünktlicher zur Arbeit kommen. Ich sollte mir Hilfe wegen dieser schlechten Angewohnheit holen" –, dann sind das nicht nur nette Gedanken. Ignorieren Sie sie aber nicht und kehren Sie sie nicht unter den Teppich.

Manchmal denken wir, wir warten auf Gott, wenn in Wahrheit Gott darauf wartet, dass wir eine bestimmte Sache angehen sollen. Es mag schwierig sein, aber es ist besser, die richtigen Entscheidungen zu treffen und sich dabei eine Weile nicht gut zu fühlen, als wenn man immer auf die gleiche Weise weitermacht und dabei seine Bestimmung verfehlt.

Doch viele Menschen entscheiden sich für etwas, was im Moment bequem ist, und fragen sich dann, warum sich bei ihnen nichts verändert. Eigentlich hätte die Wanderung aus Ägypten in das Gelobte Land nur elf Tage gedauert, aber das Volk Israel lief 40 Jahre in der Wüste in der Nähe des gleichen Berges umher und erreichte sein Ziel nicht. Sie murrten herum, waren negativ eingestellt und undankbar. Gott gab ihnen eine Gelegenheit nach der anderen, aber sie versagten immer wieder. Sie gingen die Sache nicht wirklich an und verpassten die besten Angebote Gottes.

Wenn es einen Bereich gibt, in dem Sie kämpfen – und das haben wir alle –, dann ignorieren Sie ihn nicht. Geben Sie weder vor, das Problem existiere nicht noch sollten Sie hoffen, es gehe von alleine weg. Sie werden nie etwas überwinden, was Sie nicht persönlich angehen.

Wenn es einen Bereich gibt, in dem Sie kämpfen – und das haben wir alle –, dann ignorieren Sie ihn nicht. Geben Sie weder vor, das Problem existiere nicht noch sollten Sie hoffen, es gehe von alleine weg. Sie werden nie etwas überwinden, was Sie nicht persönlich angehen.

Und wenn Sie mit einer bestimmten Sache ein Problem haben, dann sollten Sie sie ansprechen: „Lieber Herr, jedes Mal, wenn ich meine Freundin sehe, die so talentiert und schön ist, dann werde ich schnell eifersüchtig. Herr, hilf mir." Oder: „Gott, diese Menschen verletzen mich wirklich. Ich habe ein Problem damit, ihnen zu vergeben. Der Ärger in meinem Herzen will nicht verschwinden." Sobald Sie eine demütige Haltung einnehmen und Gott im Glauben um Hilfe bitten, dann wird er Sie nicht im Stich lassen. Wenn Sie Ihren Teil beitragen und sich mit den Dingen, die er anspricht, auseinandersetzen, dann wird Gott seinen Teil tun und Ihnen helfen, sie zu überwinden.

Und bittet uns Gott, etwas Schwieriges zu tun – jemandem zu vergeben, der uns verletzt hat; uns von einem Freund zu verabschieden, der unser Leben vergiftet, oder irgendetwas, das ein großes Opfer oder großen Aufwand erfordert –, dann können wir zuversichtlich sein, dass unserem Opfer großer Segen folgen wird. Jedem Gehorsamsakt folgt ein Segen. Falls wir also mit Gott kooperieren, wird es in unserem Leben eine große Wende zum Besseren geben.

Jeden Tag sage ich: „Herr, prüfe mein Herz. Bin ich auf dem richtigen Weg? Gott, zeige mir Bereiche, in welchen ich mich verbessern muss. Was kann ich noch besser machen?" Gott erwartet nicht von uns, dass wir perfekt sind. Alles, was er von uns möchte, ist, es weiterzuversuchen und kleine Verbesserungsschritte zu gehen. Und wenn Sie dabei auf der Stelle treten, dann sollten Sie beten: „Gott, zeige mir, was ich tun muss, um mich zu verbessern."

Es wird immer etwas geben, das Ihrer Bestimmung im Weg steht: Stolz, Eifersucht, eine Beleidigung, eine schlechte Gewohnheit. Der Feind wird es Ihnen nicht leicht machen. Es ist ihm egal, wenn Sie durchschnittlich, mittelmäßig sind und keinen Einfluss auf Ihre Umwelt haben. Aber wenn Sie sich entschließen, die Dinge, die Sie zurückhalten, nicht einfach hinzunehmen, sich mit Themen auseinanderzusetzen, auf die Gott Sie aufmerksam macht, und sich entscheiden, zu all dem zu werden, zu dem Sie geschaffen wurden, dann werden Sie Gottes Wohlwollen auf erstaunliche Art und Weise kennenlernen.

Ich fordere Sie auf, alle Formen der Mittelmäßigkeit abzuschütteln. Sie haben Samen für Großes in sich angelegt. Es gibt kein Hindernis, das zu groß ist, keine Abhängigkeit, die zu schwer ist, keine schlechte Gewohnheit, die sich nicht ablegen ließe. Gott und Sie sind die Mehrheit. Wenn Sie sich damit auseinandersetzen, was er ans Licht bringt, und Ihr Bestes geben, um ihm gehorsam zu sein, dann werden Sie Gottes unermessliche Güte, seinen Segen und unerwartete Wendungen erleben.

Gott und Sie sind die Mehrheit.

DAS KÖNNEN SIE TUN

Allerdings genügt es nicht, seine Botschaft nur anzuhören; ihr müsst auch danach handeln.
JAKOBUS 1,22

1. Verbringen Sie einige Zeit mit Gott allein, und beten Sie, wie David es in Psalm 139,23-24 tat: „Durchforsche mich, o Gott, und sieh mir ins Herz, prüfe meine Gedanken und Gefühle! Sieh, ob ich in Gefahr bin, dir untreu zu werden, dann hol mich zurück auf den Weg, der zum ewigen Leben führt!" Seien Sie gewillt, alles offen und ehrlich zu konfrontieren, auf das Gott Sie aufmerksam macht.

2. Seien Sie bereit, sich Hilfe von außen zu holen, um eine Abhängigkeit, schlechte Angewohnheit oder andere Themen anzugehen, die Sie zurückhalten. Suchen Sie sich Rat, nehmen Sie an Kursen teil, lassen Sie sich von einem Seelsorger oder Coach beraten. Seien Sie entschlossen zu tun, was Sie selbst tun können, und Gott wird das Übernatürliche übernehmen, was Sie nicht leisten können.

3. Suchen Sie sich einen Gebetspartner oder einen Freund, gegenüber dem Sie Rechenschaft ablegen, der betend, unterstützend und ermutigend helfen kann, wenn Sie

mit einem schwierigen Thema zu kämpfen haben. In Jakobus 5,16 heißt es: „Bekennt einander eure Sünden und betet füreinander, damit ihr geheilt werdet." Wenn wir ein Thema ans Licht holen und es einer vertrauenswürdigen Person bringen, dann hat es in dem Moment weniger Macht über uns.

TEIL ZWEI

SETZEN SIE NEUE STANDARDS

Als Gott Ihnen einen Neubeginn in Ihrem Leben gegeben hat, als er sein Leben in Sie einhauchte und alle Dinge neu machte, tat er das nicht, damit Sie sich nur für ein paar Tage besser fühlen. Nein, Gott möchte, dass dieser Zustand länger anhält – Ihr ganzes Leben lang. Aber Sie kommen in Ihrem neuen Leben nicht vorwärts, wenn Sie ständig zurückblicken und zulassen, dass die Vergangenheit ein Hindernis zwischen Ihnen und Ihrer Bestimmung darstellt. Es ist Zeit, alte Verletzungen, Schmerzen und Versagen hinter sich zu lassen. Weigern Sie sich, sich unter die Zweifler einzureihen. Vertrauen Sie darauf, dass Gott Sie über die Hindernisse Ihrer Vergangenheit hinwegführt, direkt zum Weg eines Neubeginns mit ihm.

Himmel und Erde sind meine Zeugen, dass ich euch heute vor die Wahl gestellt habe zwischen Leben und Tod, zwischen Segen und Fluch. Wählt das Leben, damit ihr und eure Kinder nicht umkommt! Liebt den Herrn, euren Gott, und hört auf ihn! Haltet ihm die Treue! Dann werdet ihr am Leben bleiben und in dem Land wohnen, das der Herr euren Vorfahren Abraham, Isaak und Jakob versprochen hat.

5. MOSE 30,19-20

NEHMEN SIE DIE HERAUSFORDERUNG AN, IHRE FREIHEIT ZU FINDEN

Wir bekommen unsere DNA von unseren Eltern vererbt. Die Gene, die an uns weitergegeben werden, bestimmen, wie wir aussehen, wie groß wir sind und welche Haarfarbe wir haben. Die Leute sagen uns zum Beispiel oft, dass unser Sohn Jonathan die Augen seiner Mutter hat und genau wie Victoria aussieht.

„Gott sei es gedankt", sage ich dazu.

Über die Gene werden nicht nur körperliche Merkmale weitergegeben, sondern auch unsere Charaktereigenschaften, unser Auftreten, unserer Haltung und unser Sinn für Humor. Unsere Tochter Alexandra ist sehr ordentlich und gut organisiert. Schon als sie ein kleines Mädchen war, hat sie ihr Zimmer perfekt aufgeräumt gehalten; jede Sache hatte ihren Platz. Alles tadellos. Wir haben sie nie darum gebeten. Diese Eigenschaft hat sie von ihrem Großvater geerbt. Er und auch meine Mutter waren genauso. Diese Freude an der Ordnung wurde also über Generationen weitergegeben. Irgendwo haben sie alle ein Gen, auf dem steht: „Sei ordentlich, sei sauber. Sei gut organisiert. Stell alles immer an seinen Platz."

Aber ebenso wie eine gute Charaktereigenschaft weitergegeben werden kann, kann es auch mit den schlechten Eigenschaften passieren. Wenn ein Elternteil Alkoholiker war, dann ist die Chance zehnmal höher, dass das Kind auch Alkoholiker wird.

Jahrelang dachte man, dass man wenig gegen die schlechten Dinge tun könnte, die vererbt werden. Wir dachten: *Nun, zu blöd, es liegt in meinen Genen. Depression, Süchte, geringes Selbstbewusstsein – ich kann nichts dagegen tun.*

Aber vor Kurzem haben die Forscher etwas entdeckt, das sie Epigenetik nennen, was „über den Genen" bedeutet, also über die Gene hinaus. Ihnen wurde klar, dass die Gene, die an uns weitergegeben werden, nicht immer aktiviert sind. Ihr Einfluss auf Sie hängt vielmehr von Ihren Entscheidungen ab, von Ihrer Umwelt und Ihren Erfahrungen.

Während wir nicht deaktivieren können, welche Haarfarbe man hat oder welche Augenform, gibt es doch bestimmte Gene, die man laut Wissenschaftler an- oder ausschalten kann. Die Wissenschaft hat entdeckt, was auch die Bibel sagt: Nur weil man etwas erbt, heißt das nicht, dass man es weitergeben muss.

Man kann die negativen Gene, die einem weitergegeben wurden, deaktivieren. Mit anderen Worten: Nur weil Ihre Mutter depressiv war, heißt das nicht, dass Sie auch depressiv werden müssen. Sie haben vielleicht eine Anlage dazu. Doch was

Sie tun sollten, ist, das Gen auszuschalten. Es deaktivieren. Es nicht an Ihre Kinder weitergeben.

Es ist leicht, Vererbung als Entschuldigung zu nutzen. „Nun, Mama war depressiv, Großmutter war negativ, meine Urgroßmutter hat sich ständig beschwert. Joel, so bin ich halt."

Nein, so sind Sie nicht. Sie sind ein Kind des höchsten Gottes. Und genauso, wie Sie Ihre physische DNA von Ihren irdischen Eltern geerbt haben, haben Sie Ihre geistliche DNA von Ihrem himmlischen Vater geerbt. Er hat in Sie Gene der Freude, der Stärke, des Friedens und des Sieges gelegt.

SIE KÖNNEN WÄHLEN

Sie tragen vielleicht einiges negatives Gepäck mit sich herum, was Ihnen weitergegeben wurde. In den verschiedenen Generationen Ihrer Familie gab es womöglich Süchte, Scheidungen, Depressionen oder geringes Selbstwertgefühl. Bleiben Sie nicht passiv und akzeptieren Sie das nicht. Gott möchte, dass Sie dem ein Ende setzen. Sie müssen eine Grenzlinie in den Sand zeichnen und sagen: „Das war's. Ich schalte das Depressions-Gen aus. Ich werde nicht den Rest meines Lebens entmutigt verbringen. Dies ist der Tag, den der Herr gemacht hat. Ich entscheide mich, glücklich zu sein."

Wenn Sie diese Entscheidung treffen, was tun Sie dann? Das Depressions-Gen deaktivieren. Sie schalten es aus. Warum schalten Sie das Negativ-Gen nicht auch aus? Das Alkoholiker-Gen. Das Selbstmitleids-Gen. Dies ist ein neuer Tag.

Geben Sie nicht der Vergangenheit die Schuld. Geben Sie nicht Ihrer Mutter die Schuld. Auch dem Großvater nicht.

Seien Sie verantwortungsbewusst und aktivieren Sie die richtigen Gene. Wenn Sie beginnen, die richtigen Entscheidungen zu treffen, können Sie die negativen Dinge, die Sie geerbt haben, überwinden. Sie können einen Generationenfluch brechen.

Sie haben die Macht, dem ein Ende zu bereiten und einen Segen über die kommenden Generationen zu bringen. Sie können Dinge weitergeben, die es für diejenigen, die Sie lieben, einfacher machen. Schließlich müssen unsere Kinder schon mit genug fertigwerden, auch ohne all das negative Gepäck.

Und wenn Sie es nicht für sich selbst machen, dann tun Sie es für Ihre Kinder. Tun Sie es, um denjenigen das Leben leichter zu machen, die nach Ihnen kommen. Die Bibel nennt das negative Gepäck *Schuld*, und diese kann vier Generationen lang weitergegeben werden. Die Dinge, mit denen Sie zu kämpfen haben, sind nicht einfach nur aufgetaucht. Irgendjemand aus früheren Generationen hat ihnen eine Tür geöffnet.

Ich sprach mit einer jungen Frau, die magersüchtig war. Sie bestand nur aus Haut und Knochen. Ihre Mutter hatte das gleiche Problem. Ihre Großmutter ebenso. Das ist kein Zufall. Es ist eine Schuld, die von Generation zu Generation weitergegeben wurde. Diese Schuld wird weitergegeben, bis jemand aufsteht und dem Einhalt gebietet. Jemand muss das Gen deaktivieren.

Gott sagt in 5. Mose 30,19: „Ich habe euch Leben und Tod, Segen und Fluch vorgelegt, damit du das Leben erwählst und am Leben bleibst, du und deine Nachkommen" (LÜ). Achten Sie auf die Warnung, dass Ihre Entscheidungen nicht nur Sie selbst betreffen. Sie betreffen auch die zukünftigen Generationen. Kein Mensch lebt und stirbt nur sich selbst.

Wir haben schon viel über den sogenannten Generationenfluch gehört, aber was wichtiger ist, ist unsere Generationenentscheidung. Jede richtige Entscheidung, die Sie treffen, hilft dabei, die falschen Entscheidungen von denen wiedergutzumachen, die vor Ihnen gelebt haben. Wenn Sie das Leben wählen, dann wählen Sie Segen und Sieg, und Gott wird für Sie und Ihre Nachkommen das Schicksal zum Guten wenden.

Ernest Hemingway war einer der größten Schriftsteller seiner Tage, aber er und seine Familie waren von Depressionen, Alkohol und Selbstmorden geplagt. Hemingway nahm sich 1961 selbst das Leben. Seine Schwester beging fünf Jahre später Selbstmord, sein Bruder 16 Jahre später und seine Enkelin starb 1996 den Freitod.

> Wenn Sie das Leben wählen, dann wählen Sie Segen und Sieg, und Gott wird für Sie und Ihre Nachkommen das Schicksal zum Guten wenden.

Es ist interessant, dass auch sein Vater sich 1928 das Leben nahm. Ich frage mich, wie es ausgegangen wäre, wenn sein Vater damals in den 1920ern sein Selbstmord-Gen deaktiviert hätte. Was wäre gewesen, wenn er aufgestanden wäre und gesagt hätte: „Nein, ich bin nach dem Bilde des allmächtigen Gottes geschaffen. Ich habe einen Sinn und Zweck in dieser Welt. Ich schüttele diese negativen Unterlegenheits-Gedanken ab. Denn ich weiß, dass die Kraft in mir größer ist als jede Macht, die sich gegen mich wendet."

Wenn er sich diesem Negativ-Geist entgegengestellt und stattdessen das Glaubensgen aktiviert hätte, das Sieg-, das Überwindungsgen, hätte er sein Familienschicksal ändern können. Er hätte vielleicht den Generationenfluch brechen und einen Generationensegen beginnen können.

Meine Fragen an Sie sind: Haben Sie sich irgendwo auf einem weit niedrigeren Niveau eingerichtet, als Gott für Sie vorgesehen hat? Haben Sie einen Traum aufgegeben, ein Versprechen außer Acht gelassen, weil es nicht gleich beim ersten Mal wahr wurde? Vielleicht haben Sie einen Rückschlag erlebt. Womöglich hat Ihnen jemand gesagt: „Sie sind nicht talentiert genug, Sie sind nicht groß genug." Aber ich frage Sie mit aller Höflichkeit: „Was machen Sie dort noch? In Ihnen steckt unglaublich viel. Sie sind voller Talent, Ideen, Kreativität und Potenzial."

Als Gott sein Leben in Sie gehaucht hat, hat er auch einen Teil von sich selbst mit eingehaucht. Sie könnten quasi sagen, Sie tragen die DNA des allmächtigen Gottes in sich. Und damit sind Sie dazu bestimmt, großartige Dinge zu tun, dazu bestimmt, Ihren Fußabdruck für die nächsten Generationen zu hinterlassen. Ihr himmlischer Vater hat Welten ins Leben gerufen. Er hat Sterne im Weltall kreiert. Er hat jeden Sonnenaufgang gemalt. Er hat jede Blume geschaffen. Er hat den Menschen aus Staub geformt und ihm Leben eingehaucht. Und hier ist der Schlüssel: Er ist nicht nur der Schöpfer des Universums. Er ist nicht nur der allmächtige Gott. Er ist Ihr himmlischer Vater. Sie haben seine DNA. Stellen Sie sich vor, was Sie alles tun können.

> Nur weil Sie etwas geerbt haben, heißt das nicht, dass Sie es weitergeben müssen.

Sie sind voll ausgestattet. Ermächtigt. Ihnen fehlt nichts. Wagen Sie es nicht, sich mit dem Zweitbesten zufriedenzugeben. Finden Sie sich nicht mit der täglichen Routine ab, und glauben Sie nicht, Sie hätten Ihr Limit erreicht. Zeichnen Sie eine Linie in den Sand und sagen Sie: „Es reicht. Ich hab es lange genug gut sein lassen. Heute ist ein neuer Tag. Mein Traum ist vielleicht nicht das erste Mal, als ich nach ihm strebte, in Erfüllung gegangen, vielleicht auch nicht das fünfte oder dreißigste Mal, aber ich gebe mich damit nicht zufrieden. Ich nutze meinen Glauben, sehe mich nach Möglichkeiten um und unternehme Schritte zur Verbesserung. Ich werde all das werden, zu dem Gott mich geschaffen hat."

Denken Sie nicht ständig: *Ich kann nie mit dieser Sucht brechen. Ich könnte mir nie das College leisten. Meine Familie wird nie wieder zusammenwachsen.* Nein, Sie stammen aus einer Blutlinie von Helden. Es steckt in Ihrer DNA. Diese Krankheit, an der Sie vielleicht leiden, ist nicht permanent. Gesundheit und Ganzheit liegen in Ihrer DNA. Sie wurden geboren, um zu gewinnen; geboren, um zu überwinden; geboren, um im Sieg zu leben. Es ist egal, wie Ihre momentanen Umstände aussehen. Diese Abhängigkeit kam nicht, um zu bleiben. In Ihrer DNA steckt Freiheit.

Dieses Familienproblem, Streit, Zwietracht: Das alles wird nicht ewig bleiben. In Ihrer DNA steckt Heilung. Mangel, Kampf und Gerade-so-durchkommen sind nicht Ihr Schicksal. Überfluss, Wachstum, gute Gelegenheiten und Erholungszeiten stecken in Ihrer DNA.

Wenn Sie das Natürliche dazu beitragen, wird Gott das Übernatürliche tun. Wenn Sie tun, was Sie können, wird Gott kommen und tun, was Sie nicht tun können. Wählen Sie nicht den bequemen Weg. Stehen Sie in voller Stärke auf und kämpfen Sie den guten Kampf des Glaubens.

SIE KÖNNEN SICH BEWUSST ENTSCHEIDEN, GOTTES WOHLWOLLEN WEITERZUGEBEN

Sie befinden sich vielleicht heute in einer Situation, in der Sie mit einem Negativ-Geist kämpfen. Sie können sich leicht dort einrichten, wo Sie sich befinden, zulassen, dass die negativen Gene weitergegeben werden, und es denen, die nach Ihnen kommen, noch schwerer machen. Oder Sie könnten eine viel bessere Entscheidung treffen und sagen: „Nein, es reicht. Ich werde nicht mein Leben lang mit dieser Sucht leben, voller Ärger, in einer Niederlage oder in Depression. Ich werde dieses negative Gepäck nicht weitergeben. Ich wähle das Leben. Ich wähle Segen. Ich werde Entscheidungen treffen, die meiner Familie helfen und sie nicht behindern."

In der Bibel lesen wir, wie Gott König Saul sagte, dass er losgehen solle, um die Amalekiter zu zerstören, die bittersten Feinde des Volkes Israel. Er sollte sie auslöschen. Saul und seine Armee zogen los und besiegten die Amalekiter und König Agag, aber offenbar schlossen sie den Eroberungszug nicht ganz ab, denn einige Jahre später zog König David erneut in den Kampf gegen sie. Agag war der Erbtitel der amalekitischen Könige.

Spulen Sie einige Hundert Jahre weiter. Esther lebt im Palast in Persien. Ein Mann namens Haman versucht sie und ihr Volk loszuwerden. In der Bibel heißt es, dass Haman ein Agagiter war, was darauf hinweist, dass er ein Amalekiter königlicher Abstammung war. Wenn Saul sich besser um den Feind gekümmert hätte, in dem Moment, in dem Gott ihm die Macht gab, dies zu tun, hätte Esther nicht 500 Jahre später ein Problem mit seinem Nachkommen gehabt.

Könnte es sein, dass, wenn Sie dem, womit Ihre Familie heute kämpft, kein Ende setzen, Ihre Familie noch in hundert Jahren damit zu tun haben wird? Gott sagt zu Ihnen, was er zu Esther sagte: „Dies ist deine Zeit, dies ist dein Moment. Deine Bestimmung ruft dich."

Sie können entweder resignieren und zulassen, dass das Alte Sie gefangen nimmt, oder Sie können sagen: „Nein. Dieselbe Kraft, die Christus von den Toten erweckt hat, liegt in mir. Ich werde diese Sucht überwinden. Ich werde diese Depression, dieses geringe Selbstbewusstsein besiegen. Ich werde nicht zulassen, dass die zukünftigen Generationen sich damit befassen müssen."

So hat es mein Vater gemacht. Als Kind wurde er in einer Art *Armuts-Mentalität* großgezogen. Seine Familie verlor während der Weltwirtschaftskrise alles, was sie besaß. In der Highschool bekam er den Weihnachtskorb, der für die ärmste Familie vorgesehen war. Als Getränk konnten sie sich nur die sogenannte *Blue-John-Milch* leisten, aus der das gesamte Fett entgezogen worden war, weshalb sie eine leicht blaue Farbe hatte. Auf den Farmen war sie normalerweise den Schweinen vorbehalten. Menschen sollten sie eigentlich gar nicht trinken. Kein Wunder, dass mein Vater sie nicht ausstehen konnte.

Mein Vater hätte jetzt denken können: *Dies ist einfach das Los in meinem Leben.* Alle Umstände wiesen darauf hin, dass er nie erfolgreich sein und nie aus diesem Armutskreislauf herauskommen würde. Aber mit 17 vertraute er sein Leben Christus an und etwas in ihm brach auf – ein Glaube, eine Kühnheit, die sagten: „Meine Kinder werden nie mit der Armut und diesem Gefühl der Niederlage aufwachsen wie ich." Er durchforstete die Bibel, um zu sehen, was Gott über ihn sagte, und sah sich selbst nicht mehr als armes Farmerskind mit keiner Zukunft, sondern als das Kind des höchsten Gottes. Er entwickelte sich und durchbrach den Fluch der Armut in unserer Familie. Dies passierte, weil er Gott nicht mehr einschränkte. Schließlich lebte er ein gesegnetes Leben im Überfluss.

Kein Wunder, dass mein Vater bei jedem Gottesdienst die Bibel hochhielt und sagte: „Dies ist meine Bibel. Ich bin, was sie über mich sagt. Ich besitze alles, was sie sagt, das mir gehört." Tun Sie heute dasselbe, und Sie werden erstaunt sein, was passieren kann.

DIE ÜBERRAGENDE GRÖSSE VON GOTTES GÜTE

Was für eine Tragödie wäre es, wenn wir in Gottes Augen als Kind des Königs durchs Leben gehen, aber als unglücklicher Armer nach unserer eigenen Sicht. Genau das geschah einem Mann im Alten Testament, der Mefi-Boschet hieß. Er war der Enkel von König Saul und der Sohn von Jonathan. Jonathan und David waren beste Freunde und hatten eine sogenannte Bündnisbeziehung. Das bedeutet: Was der eine besaß, gehörte auch dem anderen. Weiterhin bedeutet Bündnisfreundschaft: Wenn einem der beiden Männer etwas zustieß, würde der überlebende *Bruder* die Pflicht haben, sich um die Familie des anderen zu kümmern.

König Saul und Jonathan wurden am gleichen Tag im Kampf getötet, und als die Nachricht den Palast erreichte, griff ein Diener nach Mefi-Boschet, Jonathans kleinem Sohn, nahm ihn auf und floh aus der Stadt. Als er Jerusalem in solcher Hast verließ, stolperte der Diener und fiel mit dem Kind, das er noch auf dem Arm hielt. Mefi-Boschet wurde daraufhin zum Krüppel. Der Diener brachte Jonathans Sohn in eine sehr weit entfernte Stadt, genannt Lo-Dabar, eine der ärmsten, hoffnungslosesten Städte in der ganzen Region. Dort verbrachte Mefi-Boschet, der Enkel des Königs, fast sein ganzes Leben.

> Dies ist Ihre Zeit, dies ist Ihr Moment. Ihr Schicksal ruft nach Ihnen.

Daraufhin wurde David der Nachfolger von König Saul. Jahre später fragte er seine Diener: „Ist irgendjemand aus dem Hause Saul noch übrig, dem ich mich um Jonathans willen gegenüber gütig erweisen könnte?“ Er wurde informiert, dass

Jonathan einen Sohn hatte, der immer noch lebte, deshalb ließ er ihn suchen und an den Hof bringen. Als Mefi-Boschet ankam, hatte er sicher Angst. Schließlich hatte sein Großvater David durch das ganze Land gejagt, um ihn zu töten. Mefi-Boschet dachte vielleicht, dass David plante, ihn als abschreckende Geste zu töten.

Aber David sagte zu ihm: „Hab keine Angst. Ich möchte dir aufgrund deines Vaters Jonathan Freundlichkeit erweisen. Ich gebe dir all das Land zurück, das einmal deinem Großvater Saul gehört hat. Und von diesem Tag an wirst du an meinem Tisch essen, als wärst du einer meiner Söhne." David behandelte Mefi-Boschet seiner Herkunft entsprechend, denn schließlich war er der Enkel des Königs, und David war mit seinem Vater eine Bündnisfreundschaft eingegangen.

Mefi-Boschets Leben änderte sich schlagartig – das ist die gute Nachricht –, aber denken Sie an all die Jahre, die er in dieser dreckigen Stadt Lo-Dabar verschwendet hat. Schließlich wusste er, dass er von königlicher Abstammung war. Darüber hinaus hatte sein Vater eine Bündnisfreundschaft mit David geführt, die ihm das Recht gab zu fordern, was ihm durch seinen Vater zustand. Als königliches Kind hätte er die Kühnheit besitzen sollen, die Privilegien, die ihm als Sohn zustanden, einzufordern.

Auf ähnliche Art sind auch Sie ein Kind des höchsten Königs. Sie wurden nicht geschaffen, um ständig kämpfen zu müssen, wütend oder abhängig zu sein. Diese Gene wurden vielleicht an Sie weitergegeben, aber Sie haben die Kraft, alle Negativspiralen zu durchbrechen. Diese Gene waren vielleicht über hundert Jahre in Ihrer Familie, aber als Sie Ihr Leben Jesus anvertrauten, wurden Sie eine neue Kreatur. Denn Gott hat neue geistliche Gene in Sie gelegt. Sie verfügen nun über die DNA des allmächtigen Gottes.

In Ihren Genen liegt Kraft. In Ihrem Erbe liegt Macht. In Ihren Genen liegt Freiheit. Bleiben Sie nicht dort stehen, wo Sie sich gerade befinden.

Sagen Sie nicht: „Jeder in meiner Familie lässt sich scheiden. Scheint so, dass ich auch dazu bestimmt bin."

Sagen Sie nicht: „Jeder kämpft mit dieser Sucht."

Oder: „Jeder bei uns hat finanzielle Probleme."

Der entscheidende Punkt besteht darin: Sie sind nicht *jeder*. Gott hat Sie dazu berufen, einen Schlussstrich zu ziehen, und er hat Ihnen dafür auch die nötigen Gaben geschenkt, die Ihnen das ermöglichen.

Hierzu passt auch der folgende Ausspruch des Propheten Hesekiel: „Die Väter essen saure Trauben, und den Söhnen werden die Zähne davon stumpf? Ich, der Herr, schwöre, so wahr ich lebe: Keiner von euch wird dieses Sprichwort jemals wieder gebrauchen!" (Hesekiel 18,2-3).

Das Volk Israel hat nach diesem Sprichwort gelebt, denn seine Haltung war: *Weil die Väter Probleme hatten, werden die Kinder ebenso Probleme haben. Wir können nichts dagegen tun. Da der Vater saure Trauben aß, da seine Eltern Süchte hatten, da seine Großeltern depressiv waren, werden die Kinder auf denselben Gebieten kämpfen.*

Das war ihre Philosophie. Doch dann tauchte Gott auf und sagte durch Hesekiel: „Hört auf, dies zu sagen. Warum nehmt ihr eure Verwandten

> Als Sie Ihr Leben Christus gaben, wurden Sie eine neue Kreatur. Er hat in Sie neue geistliche Gene gelegt. Sie haben die DNA des allmächtigen Gottes.

als Entschuldigung? Warum haltet ihr euch an das, was eure Eltern taten, und nehmt die Art, wie ihr aufwuchst, als Entschuldigung, um dort stehen zu bleiben, wo ihr seid? Solange der souveräne Gott lebt, müsst ihr euch von den negativen Dingen aus eurer Vergangenheit nicht in Knechtschaft halten lassen."

Ihre Eltern mögen saure Trauben gegessen haben, und Ihre Verwandten haben vielleicht Entscheidungen getroffen, die für Sie von Nachteil waren. Aber Gott sagt: „Es muss dich nicht tangieren. Es hat dich vielleicht zeitweilig zurückgehalten, aber heute ist ein neuer Tag."

Wenn Sie diese Gene deaktivieren und weiter vorwärtsgehen, haben die Mächte der Finsternis keine Chance. Sie müssen dann die sauren Trauben nicht weiter essen. Sie werden erlöst werden. Sie werden nicht unter dem Fluch bleiben, sondern unter dem Segen stehen. Sie werden auf Ihrem Stammbaum eine neue Linie beginnen.

Egal, wie Sie aufwuchsen, was Sie runtergezogen oder zurückgehalten hat, Gott sagt: „Ich habe dich für ganz oben und vorne und nicht als Schlusslicht geschaffen. Du sollst anderen geben können und nicht von anderen borgen müssen." Alles, was dazu nötig ist, ist eine Berührung durch Gottes Güte und Gnade. Wenn Sie sich unter seine Herrschaft begeben, dann hat Gott überreiche Segnungen für Ihre Zukunft bereit, Segnungen, die Sie mit einem Schlag um Jahre vorwärtsbringen werden.

SIE KÖNNEN ALS KIND DES ALLERHÖCHSTEN GOTTES LEBEN

Ich habe wunderbare Neuigkeiten für Sie: In Ihrem Stammbaum finden sich keine Pleitengeschichten. Es gibt bei Ihnen kein Scheitern, Süchte oder Mittelmäßigkeit. Sie sind vielmehr ein Kind des allerhöchsten Gottes, der lebendig ist und immer noch auf dem Thron sitzt.

Sie müssen also nicht die sauren Trauben von gestern essen. Legen Sie alles Selbstmitleid ab. Schluss mit faulen Ausreden. Geben Sie nicht der Vergangenheit die Schuld. Geben Sie nicht Ihren Eltern die Schuld – auch nicht Ihren Umständen. Sie sind vielleicht der Grund, warum Sie dort sind, wo Sie sich gerade befinden, aber das gibt Ihnen nicht das Recht, dortzubleiben.

Gehen Sie die Dinge an, die Sie bremsen. Aktivieren Sie die richtigen Gene. So hat es ein guter Freund von mir getan. Er kam aus einem sehr zerrütteten Elternhaus. Sein Vater war Alkoholiker und konnte sehr gewalttätig werden. Als Kind bekam mein Freund mit, wie sein Vater seine Mutter misshandelte, respektlos war und Wutausbrüche bekam.

Als mein Freund erwachsen war, wurde er wie sein Vater. Er war drogenabhängig und lebte ein sehr gewalttätiges, wuterfülltes Leben. Mit Ende 20 vertraute er aber sein Leben Jesus Christus an. Das war der Wendepunkt für ihn. Um es kurz zu machen: Er wurde der Pastor einer riesigen Gemeinde und ein weithin respektierter Mensch.

Er fuhr um die Welt, um seine Geschichte zu erzählen, doch er hatte immer noch ein Wutproblem. Die meisten Menschen wussten nicht, dass, nachdem Gott ihn von Süchten, Drogen und Alkohol befreit hatte, die Wut noch geblieben war. Er zeigte es nicht in der Öffentlichkeit, aber zu Hause, wenn nur seine Familie da war, dann brachten ihn die kleinsten Dinge in Rage. Wie sein Vater wurde er jähzornig und behandelte seine Frau sehr schlecht.

Meinem Freund gefiel das nicht. Er wusste, dass es falsch war, aber er konnte sich nicht kontrollieren. Er wollte sich Hilfe suchen, aber es war ihm zu peinlich. Er dachte: *Ich kann es niemandem erzählen. Ich bin der Pastor einer großen Gemeinde. Was würden die Leute von mir denken? Ich soll doch ein Vorbild sein.*

Aber viele verstehen nicht, dass man kein schlechter Mensch ist, nur weil man mit einer Angelegenheit lange zu kämpfen hat. Wahrscheinlich hat jemand aus der früheren Verwandtschaft die Tür zu diesem Verhalten geöffnet. Jemand hat diese Schuld zugelassen und sich dann geweigert, sich damit auseinanderzusetzen. Seien Sie nicht wie diese Vorfahren. Kehren Sie es nicht unter den Teppich, ignorieren Sie es nicht, oder hoffen Sie nicht einfach, dass es von allein weggeht. Wenn Sie es nicht angehen, werden Sie weiterhin davon belastet sein.

In Jakobus 5,16 heißt es: „Bekennt einander eure Sünden und betet füreinander, damit ihr geheilt werdet." Es gibt ein paar Gebiete, die Sie nicht alleine überwinden können. Sie müssen Ihren Stolz runterschlucken und jemanden finden, dem Sie vertrauen können, jemanden, der das, was Sie erzählen, vertraulich behandelt. Vielleicht einen Pastor, Seelsorger, einen Freund oder eine Freundin. Erzählen Sie ihm, was Sie umtreibt. Lassen Sie diese Person für Sie beten und Ihnen beistehen.

Wenn Sie Ihre Herausforderungen ans Licht bringen und sagen: „Gott, ich brauche Hilfe bei diesem Fehler", und Schritte unternehmen, um sie zu überwinden, dann sagt die Bibel dazu: „Sie werden geheilt werden." So hat es mein Freund getan. Heute ist er einer der nettesten, sanftesten Menschen, die es gibt.

Was hat er getan? Er hat den Generationenfluch gebrochen. Er entschied sich für das Leben, damit sich seine Kinder nicht mehr mit Wut oder Süchten herumschlagen müssen. Er hat das Gen deaktiviert. Es ist immer noch in ihm. Es wurde weitergegeben, aber es hat keine Macht mehr über ihn.

WEIGERN SIE SICH, OPFER ZU SEIN

Sie sind kein Opfer. Sie sind ein Sieger. Sie würden nicht auf Widerstand stoßen, wenn Gott nicht ganz Erstaunliches in Ihrer Zukunft für Sie bereithielte. In der Bibel heißt es: „Selbst in dunklen Stunden leuchtet ihm ein Licht, er ist voll Erbarmen, großmütig und gerecht" (Psalm 112,4). Wenn Sie keinen Ausweg sehen – wie mein Freund lange Zeit – und es um Sie herum dunkel ist, dann sind Sie in einer erstklassigen Position dafür, dass Gottes Licht zu Ihnen durchdringt.

Fallen Sie nicht in die Negativspirale, die Sie herabzieht. Und werden Sie weder selbstgefällig noch nehmen Sie einfach alles hin, was Ihnen das Leben in den Weg legt. Sehen Sie sich stattdessen in der Position des Siegers und Erfolgreichen. Vergrößern Sie Ihre Vision. Machen Sie Platz, sodass Gott etwas Neues tun kann. Sie haben noch nicht mal an der Oberfläche dessen gekratzt, was Gott für Sie bereithält.

> Sie sind kein schlechter Mensch, nur weil Sie mit einer Angelegenheit zäh zu kämpfen haben.

Sie mögen sich vielleicht in einer schwierigen Situation befinden, aber statt negativ zu sein, sollten Sie sich auf die Hinterbeine stellen und sagen: „Ich weigere mich, mit dieser negativen Einstellung zu leben, dass ich mich mit dem abfinden muss, was mir mein genetisches Erbe gebracht hat. Ich gebe meine Träume nicht auf. Ich lebe nicht mehr ohne Leidenschaft und Eifer. Ich sehe womöglich keinen Ausweg, aber ich weiß, dass Gott einen Weg hat. Er mag vielleicht dunkel sein, aber ich erwarte, dass das Licht hereinbricht. Ja, ich stelle mich ganz auf den Durchbruch ein."

Eine solche Haltung ermöglicht es Gott, ans Werk zu gehen. Es ist nicht nur der über die Materie triumphierende Geist. Und es reicht nicht aus, nur eine positive Einstellung zu haben. Sondern es ist Ihr Glaube, der freigesetzt wird. Wenn Sie glauben, dann kommt Gott ins Spiel. Wenn Sie erwarten, dass Ihre Träume wahr werden, Ihre Gesundheit wieder ins Lot kommt und gute Gelegenheiten und von Gott geleitete Beziehungen Ihren Weg kreuzen, dann macht sich der Schöpfer des Universums ans Werk.

Sie mögen tausend schlechte Chancen gehabt haben, aber nehmen Sie das nicht als Entschuldigung für Ihre negative

Haltung. Eine gute Gelegenheit kann all die schlechten wieder aufwiegen. Und nur ein Hauch von Gottes Wohlwollen kann Sie weiter bringen, als Sie es sich je vorgestellt haben. Sie fühlen sich vielleicht so, als ob Sie hinterherhinken, Sie nicht da sind, wo Sie zu diesem Zeitpunkt gerne sein wollten. Doch keine Sorge. Gott weiß, wie man die verlorene Zeit wiedergutmachen, und sogar, wie man die Dinge beschleunigen kann.

Jetzt müssen Sie Ihren Teil dazu beitragen. Schütteln Sie die Negativmentalität ab. Legen Sie allen Pessimismus, Entmutigung, alles Selbstmitleid ab, und entfachen Sie Ihr Feuer neu. Das Leben zieht an Ihnen vorbei, wenn Sie Ihre Zeit mit einer negativen Haltung verschwenden. Sie haben eine Bestimmung zu erfüllen und eine Aufgabe zu erledigen. Was in Ihrer Zukunft liegt, ist großartiger als alles, was Sie in Ihrer Vergangenheit gesehen haben. Doch dazu ist es wichtig, dass Sie sich von *Murphys Gesetz* frei machen und genau in die Gegenrichtung streben. Aus diesem Grund sollte dann auch Ihre Haltung sein: *Wenn heute etwas richtig Gutes passieren kann, dann werde ich es ergreifen, und es wird mir zur richtigen Zeit passieren. Nichts wird so schwer sein, wie es aussieht. Nichts wird so lange dauern, wie es scheint.*

Warum? Weil Sie besonders geliebt sind. Der allmächtige Gott schaut in Ihre Richtung. Sie sind erwählt worden, begabt und zu Großem fähig.

SIE KÖNNEN MIT GOTTES HILFE IHRE HÜRDEN ÜBERWINDEN

Keine Abhängigkeit ist für Sie zu groß, um sie zu überwinden – auch kein Unrecht und kein Riesenhindernis. Nichts, was Ihnen mitgegeben wurde, sollte Sie von Ihrer gottgewollten Bestimmung abhalten. Die Kraft in Ihnen ist großartiger als jede Kraft, die sich gegen Sie richtet.

Machen Sie nicht den Fehler, den mein Pastorenfreund machte, und lernen Sie nicht, mit Ihrem Handicap zu funktionieren. Gott hat Sie nicht geschaffen, damit sie sich mit großen Problemen rumzuschlagen oder sich in Ihrem Ärger zu verstecken und sich schlecht zu fühlen. Er hat Sie geschaffen, um vollkommen frei zu sein.

Gott sagte, er möchte Ihnen neuen Wein schenken. Neuer Wein besteht nicht aus sauren Trauben. Er ist nicht belastet durch die Lasten der Vergangenheit. Neuer Wein bedeutet frische Trauben, süße Trauben. Es ist ein siegreiches Leben.

Vielleicht sind Sie wie mein Freund mit schlechten Vorbildern aufgewachsen. Es ist leicht für ein Kind, das schlechte Verhalten der Eltern und anderer Erwachsener als normal zu akzeptieren. Möglicherweise haben Ihnen Ihre Eltern nicht viel Zuneigung erwiesen und jetzt zeigen Sie Ihren eigenen Kindern auch nicht viel Zuneigung. Oder es gab Gewalt, Wutausbrüche und Respektlosigkeit zu Hause. Geben Sie das nicht weiter.

Deaktivieren Sie dieses Gen. Seien Sie Ihren Kindern gegenüber liebevoll und einfühlsam. Ich kenne Väter, die mir erzählten: „Joel, ich bin ein Mann, ich umarme doch nicht meinen Sohn. Schließlich ist er erwachsen."

Lassen Sie mich Ihnen sagen: Ein echter Mann umarmt immer noch seinen Sohn. Ein echter Mann behandelt seine Frau mit Respekt. Männer, die Bibel sagt, eure Frau ist ein Spiegelbild eures Ruhmes. Wenn sie aber niedergemacht wird, entmutigt und ausgelaugt ist, dann erstrahlen auch Sie nicht in hellem Licht. Ihre Frau spiegelt Sie wider.

Sie müssen einen Gang hochschalten. Tun Sie etwas, das den Frühling in ihr Leben zurückbringt, das Lächeln wieder auf ihr Gesicht zaubert. Fahren Sie mit ihr ins Einkaufszentrum. Kaufen Sie ihr etwas Neues. Schenken Sie ihr Blumen. Schreiben Sie ihr eine Karte. Sagen Sie ihr, wie toll sie ist. Je strahlender sie ist, desto besser stehen auch Sie da. Deshalb ist es mir wichtig, dass Victoria nett aussieht. Das lässt auch mich gut aussehen!

Ein weiterer Gedanke: Liebe Väter, Ihre Tochter wird jemanden wie Sie heiraten. Wenn Sie Ihre Frau schlecht behandeln, sie links liegen lassen und sie enttäuschen, dann ist das die Art Mann, von dem Ihre Tochter später einmal angezogen werden wird. Unsere Kinder folgen mehr unserem Beispiel, als dass sie unserem Rat folgen. Sie nehmen ständig alles um sich herum auf, denn sie sind wie Videokameras auf Beinen, die sich ständig im Aufnahmemodus befinden. Ihre Kinder beobachten, wie Sie Leute behandeln, welche Haltung Sie haben, welches Benehmen Sie an den Tag legen – und das immerzu.

Behandeln Sie Ihre Frau wie eine Königin, machen Sie ihr Komplimente, ermutigen Sie sie, bringen Sie ihr Kaffee ans Bett, öffnen Sie ihr die Autotür, machen Sie ihr Geschenke und lassen Sie sie sich geliebt fühlen, wertgeschätzt, respektiert und geehrt. Auf diese Weise wird Ihre Tochter einen Gewinner heiraten. Ihre Tochter wird einen Mann heiraten, der wie ihr Vater ist.

Entscheiden Sie sich für ein besseres Leben. Wählen Sie Ehre. Wählen Sie Respekt. Geben Sie dies an die zukünftigen Generationen weiter.

Vielleicht haben Sie Ihren Vater Ihre Mutter nicht gut behandeln sehen, als Sie Kind waren. Sie haben möglicherweise genau das Gegenteil mitbekommen. Dennoch glaube ich, dass Sie neue Standards setzen können. Entscheiden Sie sich, Negatives zu überwinden. Entscheiden Sie sich für ein besseres Leben. Wählen Sie Ehre. Wählen Sie Respekt. Geben Sie dies an die zukünftigen Generationen weiter.

VERSETZEN SIE BERGE

Wir alle stehen in unserem Leben immer wieder vor unüberwindbaren Bergen. Für Sie besteht solch ein Berg vielleicht darin, wie Sie Ihren Partner behandeln, basierend auf der destruktiven Familiendynamik, die Sie von Ihren Eltern lernten, und jetzt hat das weiter Einfluss auf Ihre Kinder. Vielleicht ist es der Berg einer Sucht oder der Berg Ihrer Finanzprobleme oder Ihrer schlechten Gesundheit, der unverrückbar scheint.

Wenn Sie einem Berg gegenüberstehen, dann ist es immer gut, Gott um Hilfe zu bitten, damit Sie diesen gemeinsam überwinden. Aber es ist nicht genug nur zu beten. Es ist nicht genug, nur zu glauben. Es reicht nicht, nur gute Gedanken zu haben. Hier ist der Schlüssel: Sie müssen Ihren Berg direkt ansprechen. Jesus hat gesagt: „Wenn ihr glaubt ... könnt ihr zu diesem Berg hier sagen: ‚Hebe dich von der Stelle, und stürze dich ins Meer!', und es wird geschehen" (Markus 11,23).

Wenn Sie also dem Berg der Furcht gegenüberstehen, dann sollten Sie sagen: „Furcht, ich befehle dir wegzugehen. Ich werde dich in meinem Leben nicht zulassen." Wenn Sie Gesundheitsprobleme haben, ist es wichtig, dass Sie Gott nicht nur anbetteln, dass er Sie heilt, sondern Sie müssen direkt zu dieser Krankheit sagen: „Krankheit, du hast kein Recht an meinem Körper. Ich bin ein Kind des allerhöchsten Gottes. Du bist hier nicht willkommen. Ich bitte dich nicht höflich zu gehen, ich sage nicht: ‚Ach, bitte, bitte, tu mir den Gefallen', nein, ich befehle dir, meinen Körper zu verlassen."

Die Erfahrung hat mich gelehrt, wenn man nicht mit seinen Bergen redet, dann werden sie zu einem sprechen. Den ganzen Tag über werden diese negativen Gedanken – Ihre Berge – präsent sein und mit Ihnen sprechen. In diesem Fall können Sie sich zurückhalten und diesen Lügen glauben oder Sie können sich erheben und erklären: „Ich habe hier die Kontrolle. Ich werde den Bergen nicht erlauben, zu mir zu sprechen. Berge, ich sage zu euch: ‚Verschwindet, ihr werdet mich nicht unterkriegen.'"

Es ist kein Zufall, dass Gott einen Berg als Symbol für unsere Probleme ausgewählt hat. Berge sind groß und scheinen wie unsere Generationenprobleme und -schwächen dauerhaft zu sein, so als blieben sie für immer. Und leider fühlt es sich auch entsprechend an. Aber Gott sagt, wenn Sie zu dem Berg sprechen, dann werden Sie entdecken, dass er nicht für immer da ist.

Wenn Sie mit dem Thema Zorn und Jähzorn in Ihrer Ehe kämpfen, mit Depressionen oder Süchten, dann können Sie leicht den Eindruck haben, als würde sich das niemals ändern. Aber wenn Sie diese Worte des Glaubens aussprechen, dann passiert etwas im unsichtbaren Bereich. Berge brechen zusammen. Die Mächte der Finsternis werden besiegt. Der Feind zittert.

Wenn Sie mit der Autorität des Sohnes des lebendigen Gottes, der sie unterstützt, sprechen, dann sind alle Mächte des Himmels aufmerksam. Die mächtigen Armeen des unsichtbaren allerhöchsten Gottes werden hinter Ihnen stehen. Ich sage Ihnen: Keine Macht kann sich gegen Gott stellen. Kein Eheproblem, keine Abhängigkeit, keine Furcht, kein Problem mit dem Gesetz, kein Generationenthema. Wenn Sie sprechen und nicht zweifeln, dann wird der Berg weichen.

Ihr Berg verschwindet vielleicht nicht über Nacht. Er sieht womöglich noch Monat für Monat gleich aus. Aber machen Sie sich keine Sorgen. Im unsichtbaren Bereich wenden sich die Dinge zu Ihren Gunsten.

Als Jesus durch die Stadt lief, sah er einen Feigenbaum und wollte sich etwas zu essen holen, aber der Baum trug keine Früchte. Er sah den Baum an und sagte: „Du wirst niemals mehr Frucht tragen."

Merke: Jesus spricht zu einem Baum. Menschen des Glaubens sprechen zu ihren Hindernissen. Jesus ging weiter, und es schien nicht so, als ob irgendetwas geschehen wäre. Der Baum war genauso grün und gesund aussehend wie zuvor. Ich bin sicher, seine Jünger flüsterten untereinander: „Hat Jesus den Bezug zur Realität verloren, weil er zu dem Baum sagte, er solle sterben, aber es ist nicht passiert?" Was ihnen nicht klar war, ist, dass in dem Moment, in dem Jesus sprach, unten im Erdreich im Wurzelsystem alles Leben von dem Baum abgeschnitten worden war.

Als Jesus und seine Jünger etwas später wieder durch die Stadt gingen, waren die Jünger ziemlich erstaunt. Sie sahen, dass der Baum eingegangen und völlig tot war. Auf genau dieselbe Art passiert auch etwas in dem Moment, in dem Sie zu Ihren Bergen sprechen. Dann machen sich im unsichtbaren Bereich die Mächte des Himmels an die Arbeit. Gott sendet Engel aus und kämpft mit ihnen für Sie Ihre Schlachten. Er setzt seine Gunst frei, indem er die falschen Menschen aus Ihrem Leben nimmt und Heilung und Veränderung schickt.

Die Macht in Ihnen ist größer als jede Macht, die sich gegen Sie stellt.

Sie mögen eine Zeit lang nicht sehen, was Gott getan hat. Dieser Berg sieht vielleicht immer noch so groß und stark aus wie zuvor. Aber wenn Sie im Glauben bleiben und weiterhin zu dem Berg sprechen, ihn als verschwunden erklären und sich selbst als gesund, gesegnet und siegreich – dann werden Sie eines Tages wirklich sehen, dass dieser Berg weggenommen wurde.

SIE KÖNNEN VERANTWORTUNG ÜBERNEHMEN UND DEN KREISLAUF DURCHBRECHEN

Vor ein paar Jahren machten wir Urlaub in einem sehr schönen Hotel. Es war ein wunderschön angelegtes, großes Anwesen mit verschiedenen Wohnmöglichkeiten, die über das ganze Grundstück verteilt waren. Bei unserer Ankunft führte uns der Hotelpage einen gewundenen Fußweg entlang zu unserem Zimmer. Wir folgten ihm den kurvigen Weg um die Bungalows herum, über eine Brücke und dann um einen großen See. Ich achtete auf den Weg, denn er schien recht kompliziert zu sein.

Einige Abende später aßen wir im Haupthaus zu Abend. Als wir die Empfangshalle verließen, um zu unserem Zimmer zurückzugehen, sagte unser Sohn Jonathan, der zu der Zeit etwa zehn Jahre alt war: „Dad, weißt du eigentlich, dass wir immer einen Umweg machen? Hierherum wäre es viel schneller."

Ich antwortete: „Nein, Jonathan, ich habe gut aufgepasst. Diesen Weg hat uns der Hotelpage gezeigt. Dies ist der richtige Weg."

„Nein, Dad", sagte er beharrlich. „Ich bin mir sicher, es gibt einen schnelleren Weg."

„Jonathan, ich bin aber absolut sicher, dass es hier langgeht."

Die nächsten paar Tage gingen wir immer meinen Weg. Jedes Mal sagte Jonathan erneut: „Dad, wir machen wieder den Umweg."

Und jedes Mal sagte ich: „Nein, tun wir nicht, Jonathan. Dies ist der korrekte Weg."

Am letzten Tag unseres einwöchigen Urlaubs verließen wir wieder das Haupthaus, um zu unserem Zimmer zu gelangen, als Jonathan mich bat: „Können wir nicht wenigstens einmal meinen Weg gehen?"

„Okay", gab ich nach. „Wir gehen deinen Weg."

Jonathan führte uns durch eine enge Gasse und einige Treppen runter, und auf einmal standen wir vor unserem Zimmer! Es war wahrscheinlich 100 Meter kürzer als der Weg, den wir während unseres ganzen Aufenthaltes genommen hatten.

Als ich mich erkundigte, warum wir den längeren Weg gegangen waren, fand ich heraus, dass der Page sich dafür entschieden hatte, um uns die vielen Aussichtspunkte zu zeigen und damit wir das ganze Grundstück sehen konnten. Ich sah es mir auf dem Lageplan an. Wir waren einmal komplett im Kreis gelaufen und dann zurück zu unserem Zimmer gegangen.

Wenn ich gleich auf Jonathan gehört hätte, hätten wir jeden Tag auf seinem Weg direkt zurück zu unserem Zimmer gelangen können und damit viel Zeit gespart.

Ich möchte damit sagen: Das, was wir, während wir aufwuchsen, um uns herum gesehen haben, ist nicht immer die beste Route für den Rest unseres Lebens.

„Meine Mutter hat sich ständig gesorgt, jetzt sorge ich mich auch andauernd."

Ich kann Ihnen sagen: Das ist ein Umweg.

„Mein Vater hat immer seine Beherrschung verloren. Wie der Vater, so der Sohn. Ich kann meine Beherrschung ebenso wenig halten."

Das ist ebenso ein Irrweg.

Werfen Sie einen näheren Blick auf Ihre Taten und Ihr Leben. Fragen Sie sich: „Nehme ich einen Umweg? Halte ich am Ärger fest und vergebe jemandem nicht, weil ich es so als Kind vorgelebt bekommen habe? Bin ich unsicher und fühle mich minderwertiger als andere, weil ich mit Menschen aufwuchs, die sich so gefühlt haben? Treffe ich schlechte Entscheidungen, gebe ich Versuchungen nach und gehe Kompromisse ein, weil das alles ist, was ich je gesehen habe?"

„Nehme ich einen Umweg? Halte ich am Ärger fest und vergebe jemandem nicht, weil ich es so als Kind vorgelebt bekommen habe?"

Das ist der lange Weg. Bleiben Sie nicht im täglichen Trott stecken und gehen Sie nicht jahrein, jahraus einen Umweg. Erkennen Sie, was gerade passiert, und nehmen Sie die richtigen Anpassungen vor.

Einmal fasste eine Frau ihre Autobiografie in vier ganz kurzen Kapiteln zusammen. Sie lauteten in etwa so:

Kapitel eins: „Ich ging eine neue Straße runter. Dort befand sich ein tiefes Loch im Bürgersteig. Ich fiel hinein. Es war nicht mein Fehler. Es dauerte eine Weile, doch ich kam schließlich wieder heraus."

Kapitel zwei: „Ich ging dieselbe Straße runter. Dort befand sich ein tiefes Loch im Bürgersteig. Ich fiel hinein. Es war mein Fehler. Es dauerte eine Weile, doch ich kam schließlich wieder heraus."

Kapitel drei: „Ich ging dieselbe Straße runter. Dort befand sich ein tiefes Loch im Bürgersteig. Ich ging rundherum."

Kapitel vier: „Ich ging eine andere Straße entlang."

Oft genug wiederholen wir die gleichen Fehler, rechtfertigen sie mit Ausflüchten und geben unserer Vergangenheit oder unseren Eltern die Schuld. Übernehmen Sie selbst die Verantwortung. Nehmen Sie nicht immer denselben Weg, verlieren Sie nicht gleich die Nerven, machen Sie nicht sofort Kompromisse, sorgen Sie sich nicht und seien Sie nicht negativ.

DURCHBRECHEN SIE DEN TEUFELSKREIS

Wenn Sie diesen Kreislauf des sich ständig wiederholenden Verhaltens durchbrechen, dann werden Sie weiterkommen. Doch wenn Sie es nicht tun, werden Sie ein Leben voller Niederlagen führen.

1874 fiel einem Angestellten des Gefängnispersonals in New York auf, dass sich sechs Leute aus der gleichen Familie in dem Gefängnis befanden. Er verfolgte den Stammbaum zurück bis zu einem Mann namens Max Jukes, der im Jahr 1720 geboren worden war. Er war bekannt als unmoralischer Kerl,

Unruhestifter und schwerer Trinker. Er heiratete eine Frau, die genauso war wie er. Zusammen bekamen sie sechs Töchter und zwei Söhne. Man hat dann 1200 ihrer Nachkommen unter die Lupe genommen, und dabei stellte sich heraus, dass 310 von ihnen obdachlos waren, 180 Alkoholiker, 161 drogenabhängig, 150 kriminell und sieben hatten einen Mord begangen.

Man untersuchte eine weitere Familie. Der Kopf dieser Familie war Jonathan Edwards, geboren 1703. Er war ein berühmter Theologe und der Präsident der berühmten Universität *Princeton*. Er heiratete eine Frau namens Sarah und war ein hingebungsvoller Familienvater. Sie blieben 31 Jahre verheiratet bis zu seinem Tod. Sie bekamen elf Kinder. Man hat 1400 ihrer Nachkommen herausgefunden und, so weit es ging, deren Leben analysiert. Unter ihnen gab es 13 Universitätsrektoren, 66 Professoren, 100 Rechtsanwälte, 85 Autoren bekannter Bücher, 32 Bundesrichter, 66 Ärzte und 80 hatten ein höheres öffentliches Amt inne, darunter drei Gouverneure, drei US-Senatoren und ein Vizepräsident der Vereinigten Staaten.

Was möchte ich damit sagen? Es ist von großer Bedeutung, was wir weitergeben. Ihre Entscheidungen heute haben einen Einfluss auf zukünftige Generationen. Wie bei den Jukes' gab es vielleicht einige negative Dinge in Ihrem Familienstammbaum. Sie werden weiterbestehen, bis jemand aufsteht und ihnen ein Ende bereitet. Sie können dieser Jemand sein. Gott hat Sie für so einen Moment vorbereitet. Sie haben die stärkste Macht des Universums an Ihrer Seite.

Bleiben Sie nicht gleichgültig. Akzeptieren Sie nicht weniger als das Beste Gottes. Sie werden nie verändern, was Sie immer noch zulassen. Stattdessen sollten Sie vehement sagen: „Jetzt reicht es. Ich werde mein Leben nicht in Abhängigkeiten, in Zorn, Depression und voller Niederlagen weiterführen. Ich werde diese Gene deaktivieren. Ich werde Entscheidungen treffen, die meiner Familie helfen und sie nicht behindern."

Sie können derjenige sein, der ein göttliches Erbe in Ihrem Stammbaum beginnt. Es ist möglich, dass Sie jeden Generationenfluch brechen und damit einen Generationensegen beginnen. Sie müssen keine sauren Trauben essen. Der allmächtige Gott lebt.

> Sie können derjenige sein, der ein göttliches Erbe in Ihrem Stammbaum beginnt.

Ja, vielleicht wurden negative Gene weitergegeben, aber denken Sie daran, Ihr himmlischer Vater hat Ihnen neue Gene geschenkt. In diesem neuen Stammbaum liegen Kraft, Sieg, Disziplin und Güte. Schalten Sie das Negative ab und stattdessen das an, was Gott in Sie gelegt hat.

Wenn Sie gelernt haben, die richtigen Gene zu aktivieren und Entscheidungen zu treffen, die Gott ehren, dann glaube ich und versichere Ihnen, dass Sie jede Negativspirale durchbrechen können, die Sie gebremst hat. Sie und Ihre Familie werden ein auf allen Ebenen verwandeltes Leben führen und unter Gottes Güte stehen. Sie werden immer unter seinem Segen leben und nie unter dem Fluch.

Ich habe Ihnen erzählt, wie sich mein Vater aus der Armut seiner Familie herauskämpfte, um schließlich der Pastor einer der größten Gemeinden Amerikas zu werden. Natürlich schienen die Umstände gegen ihn zu sprechen, und es überrascht nicht, dass jeder um ihn herum versuchte, ihn davon abzubringen. Sie sagten: „John, du wirst es nie allein da rausschaffen. Du bleibst besser bei uns und pflückst Baumwolle. Das ist alles, was du kannst. Bleib hier bei uns, wo es sicher ist."

Aber mein Vater war mit seinem Platz, an dem er im Leben stand, nicht zufrieden. Er war davon überzeugt, dass Gott mehr für ihn bereithielt, und weil er motiviert war, im Glauben aktiv zu werden, brach er diesen Fluch der Armut, der über unserer Familie lag. Jetzt können meine Geschwister und ich und unsere Kinder, Enkelkinder und sogar Urenkel aufgrund dessen, wofür sich nur ein einziger Mann entschieden hat, mehr von der Güte Gottes erfahren.

Auch Sie können mit den Entscheidungen, die Sie heute treffen, die nach Ihnen kommenden Generationen beeinflussen. Falls Sie nicht Gottes Leben in seiner ganzen Fülle erfahren, dann fordere ich Sie dazu auf, an mehr zu glauben. Verhalten Sie sich nicht passiv und akzeptieren Sie nicht den Status quo. Geben Sie sich nicht einfach mit dem zufrieden, was Ihre Eltern hatten. Sie können weiter kommen als sie. Sie können mehr tun, mehr haben, mehr sein. Beginnen Sie heute über den Ort, an dem Sie stehen, hinauszuschauen, in die Richtung, in der Sie sein wollen.

TEIL DREI

DIE KRAFT VON GOTTES WORT

Zu Beginn eines jeden Gottesdienstes in der *Lakewood Church* lasse ich die gesamte Gemeinde aufstehen, ihre Bibeln hochhalten und mit mir zusammen sagen:

Dies ist meine Bibel.
Ich bin, was sie über mich sagt.
Ich habe das, wovon sie sagt, dass ich es habe.
Ich kann tun, wovon sie sagt, dass ich es tun kann.
Heute werde ich mehr über Gottes Wort lernen.
Ich bekenne mutig:
Ich bin ganz aufmerksam.
Mein Herz ist aufnahmebereit.
Ich werde danach nicht mehr der-/dieselbe sein.
Ich werde jetzt den unzerstörbaren, immerwährenden Samen des Wortes Gottes aufnehmen.
Ich werde danach nicht mehr der-/dieselbe sein.

Dieses Bekenntnis der zentralen Rolle des Wortes Gottes im Leben eines Gläubigen ist die treibende Kraft in unserer Gemeinde und ein wichtiger Schlüssel, um mit Gott verbunden zu bleiben. Deshalb bat ich mein Lektorenteam, mit mir gemeinsam die folgenden sechs Anhänge voller hilfreicher Informationen zusammemzustellen, die es Ihnen ermöglichen, die Bibel besser zu verstehen. Wenn Sie es wagen, Gott zu glauben und nach seinem Wort zu handeln, dann sind die Möglichkeiten für Ihr Leben grenzenlos!

ANHANG 1

MACHEN SIE SICH ZUSAMMEN MIT GOTT AUF DEN WEG

Jesus kam, damit wir eine *Beziehung* mit Gott, unserem himmlischen Vater, haben können. Wenn wir Jesus als Retter und Herrn anerkennen, werden wir *wiedergeboren*, und anschließend wünschen wir uns, unseren himmlischen Vater besser kennenzulernen. Menschen fragen mich oft: „Wie geht das mit der Beziehung zu Gott?" Lassen Sie mich Ihnen einige Gedanken dazu mitteilen, die Ihnen sicher helfen werden.

MACHEN SIE ES SICH ZUR PRIORITÄT, JEDEN TAG ZEIT ALLEIN MIT GOTT ZU VERBRINGEN

Für mich funktioniert das am besten gleich morgens. Ich verbringe gern die ersten 20 bis 30 Minuten des Tages mit Gott und danke ihm für alles, was er für mich getan hat, gebe meine

Sorgen und Nöte an ihn ab, empfange seinen Frieden, seine Freude und Stärke und verbringe dann Zeit damit, in der Bibel zu lesen. Vielleicht funktioniert es morgens für Sie nicht optimal. Ich habe Freunde, die ihre Zeit mit Gott in ihre Mittagspause einplanen oder abends, bevor sie schlafen gehen. Machen Sie es so, wie es am besten in Ihren Lebensrhythmus passt, aber machen Sie es sich zur Priorität, jeden Tag allein Zeit mit Gott zu verbringen.

LESEN SIE JEDEN TAG IN DER BIBEL

Besorgen Sie sich eine Bibelübersetzung, die leicht zu verstehen ist. Ich mag die *New International Version* oder die *King James Version**. Und verbringen Sie dann jeden Tag ein paar Minuten damit, in der Bibel zu lesen. Wenn Sie im ersten Jahr auf Ihrem neuen Weg mit Gott sind, dann schlage ich vor, dass Sie die Psalmen, Sprüche und in den Evangelien lesen. Die Psalmen sind eine Sammlung von Liedern und Gebeten, viele davon schrieb König David. Die Sprüche sind ein Buch praktischer Weisheit für das tägliche Leben. Und die Evangelien – Matthäus, Markus, Lukas und Johannes – berichten uns aus Jesu Leben. Ein guter Plan wäre, täglich jeweils ein Kapitel aus diesen verschiedenen Teilen der Bibel zu lesen.

Doch bevor Sie zu lesen beginnen, beten Sie und bitten Sie Gott, Ihnen geistlich die Augen und Ohren zu öffnen und Ihr Herz aufnahmebereit für das zu machen, was er durch sein

* Im deutschsprachigen Raum empfiehlt sich die Übersetzung nach Luther oder auch die „Hoffnung für alle“ beziehungsweise die Neues-Leben-Bibel.

Wort zu sagen hat. Sie werden erstaunt sein, wie sich Gott durch sein Wort offenbart.

SPRECHEN SIE DEN GANZEN TAG ÜBER IMMER WIEDER MIT GOTT

Gebet heißt, dass Sie einfach von Herzen mit Gott reden. Ich beginne mein Gebet gerne damit, Gott für alles zu danken, was er für mich getan hat. Die Bibel sagt: *Geht durch die Tempeltore ein mit Dank, betretet den festlichen Vorhof mit lautem Lob! Preist ihn! Rühmt ihn!* (Psalm 100,4). Und dann bitten Sie Gott um das, was Sie brauchen. Wenn Sie Fehler gemacht haben (und das haben wir alle!), dann bitten Sie um seine Gnade und Vergebung. Bitten Sie um Kraft, um Heilung, um Frieden, um Weisheit und Leitung. Und dann danken Sie ihm, dass er Ihr Gebet gehört hat und es erhören wird.

In der Bibel heißt es:

Macht euch keine Sorgen! Ihr dürft Gott um alles bitten. Sagt ihm, was euch fehlt, und dankt ihm! Und Gottes Friede, der all unser Verstehen übersteigt, wird eure Herzen und Gedanken im Glauben an Jesus Christus bewahren.

PHILIPPER 4,6-7

TREFFEN SIE POSITIVE, GLAUBENSERFÜLLTE AUSSAGEN ÜBER IHR LEBEN

Es steckt eine kreative Kraft in unseren Worten. Sie beeinflussen unsere Zukunft. Auch aus diesem Grund sage ich jeden Tag gern, was Gott über mich sagt. Jeden Tag treffe ich Aussagen, wie:

Ich bin geliebt.
Mir ist vergeben.
Ich bin gesegnet.
Ich bin ein Kind des allerhöchsten Gottes.
Ich bin von Gott angenommen.
Ich liege in Gottes Händen.
Gott leitet meine Schritte.
Ich bin sehr gut in der Lage, das zu tun, wozu Gott mich berufen hat.
Gott wird dafür sorgen, dass mir alle Dinge zum Besten dienen.
Ich kann alle Dinge durch Christus tun, der mir die Kraft gibt.

Ich möchte Sie ermutigen, jeden Tag und den ganzen Tag über positive, glaubenserfüllte Aussagen über sich selbst, über Ihre Familie und die Situation, in der Sie sich befinden, zu treffen. Lassen Sie keine negativen Worte aus Ihrem Mund kommen. Benutzen Sie Ihre Worte nicht, um Ihre Situation zu *beschreiben*; verwenden Sie Ihre Worte, um die Situation zu *verändern*. Während Sie das tun, werden Sie Ihre Zukunft beschreiben. Und ich glaube, Sie werden sehen, wie sich Ihr Leben, Ihre Familie und Ihre Situation verändern.

FINDEN SIE EINE GUTE HEIMATGEMEINDE

Gott möchte, dass wir Teil einer Gruppe von Gläubigen sind. Ich ermutige Sie, eine Gemeinde in Ihrer Gegend zu suchen, die sich an die Bibel hält, und diese zu Ihrer Heimatgemeinde zu machen. Machen Sie es sich zur Priorität, so oft wie möglich zu dieser Gemeinde zu gehen. Lernen Sie den Pastor kennen. Hören Sie zu, wenn Gottes Wort gelehrt wird. Dienen Sie dort und unterstützen Sie die Gemeinde, wo immer Sie es können. Es ist meine Überzeugung, dass Sie als Teil einer Glaubensgemeinschaft auf Ihrem Weg mit Gott immer weiter wachsen werden.

Liebe Leser, es ist mein Gebet, dass Sie, während Sie Ihren himmlischen Vater kennenlernen und all das, was er für Sie getan hat, immer höher hinaus kommen, jeden Feind besiegen, jedes Hindernis überwinden und jeden Traum und Plan erfüllen, den er für Ihre Zukunft hat.

ANHANG 2

GOTTES VERSPRECHEN FÜR JEDES BEDÜRFNIS

ABHÄNGIGKEITEN

Wenn du keinen Ausweg mehr siehst, dann rufe mich zu Hilfe! Ich will dich retten, und du sollst mich preisen.

PSALM 50,15

Fasten, wie ich es liebe, sieht doch vielmehr so aus: Lasst die zu Unrecht Gefangenen frei und gebt die los, die ihr unterjocht habt. Lasst die Unterdrückten frei. Zerbrecht jedes Joch.

JESAJA 58,6 (NL)

Ich will euch ein anderes Herz und einen neuen Geist geben. Ich nehme das versteinerte Herz aus eurer Brust und gebe euch ein lebendiges Herz. Mit meinem Geist erfülle ich euch, damit ihr nach meinen Weisungen lebt, meine Gebote achtet und sie befolgt.

HESEKIEL 36,26-27

Wenn euch also der Sohn Gottes befreit, dann seid ihr wirklich frei.

JOHANNES 8,36

Wer nun mit Jesus Christus verbunden ist, wird von Gott nicht mehr verurteilt. Denn für ihn gilt nicht länger das Gesetz der Sünde und des Todes. Es ist durch ein neues Gesetz aufgehoben, nämlich durch das Gesetz des Geistes Gottes, der durch Jesus Christus das Leben bringt.

RÖMER 8,1-2

Was eurem Glauben bisher an Prüfungen zugemutet wurde, überstieg nicht eure Kraft. Gott steht zu euch. Er lässt nicht zu, dass die Versuchung größer ist, als ihr es ertragen könnt. Wenn euer Glaube auf die Probe gestellt wird, schafft Gott auch die Möglichkeit, sie zu bestehen.

1. KORINTHER 10,13

Gehört jemand zu Christus, dann ist er ein neuer Mensch. Was vorher war, ist vergangen, etwas Neues hat begonnen.

2. KORINTHER 5,17

ANNAHME

Doch der Herr sagte zu ihm: „Lass dich von seinem Aussehen und von seiner Größe nicht beeindrucken. Er ist es nicht. Denn ich urteile nach anderen Maßstäben als die Menschen. Für die Menschen ist wichtig, was sie mit den Augen wahrnehmen können; ich dagegen schaue jedem Menschen ins Herz."

1. SAMUEL 16,7

Erkennt, dass der Herr unser Gott ist! Er hat uns zu seinem Volk gemacht, ihm gehören wir! Er sorgt für uns wie ein Hirte für seine Herde.

PSALM 100,3

Aber jetzt sagt der Herr, der euch geschaffen hat, ihr Nachkommen Jakobs, der euch zu seinem Volk gemacht hat: „Hab keine Angst, Israel, denn ich habe dich erlöst! Ich habe dich bei deinem Namen gerufen, du gehörst zu mir."

JESAJA 43,1

Ich bin ihnen von ferne erschienen und habe zu ihnen gesagt: „Ich habe euch schon immer geliebt, darum bin ich euch stets mit Güte begegnet."

JEREMIA 31,3

Alle Menschen, die mir der Vater gibt, werden zu mir kommen, und keinen von ihnen werde ich zurückstoßen.

JOHANNES 6,37

Gott hat etwas aus uns gemacht: Wir sind sein Werk, durch Jesus Christus neu geschaffen, um Gutes zu tun. Damit erfüllen wir nur, was Gott schon im Voraus für uns vorbereitet hat.

EPHESER 2,10

AUSDAUER

Doch nicht nur dafür sind wir dankbar. Wir danken Gott auch für die Leiden, die wir wegen unseres Glaubens auf uns nehmen müssen. Denn Leid macht geduldig.

RÖMER 5,3

Seid fröhlich in der Hoffnung darauf, dass Gott seine Zusagen erfüllt. Seid standhaft, wenn ihr verfolgt werdet. Und lasst euch durch nichts vom Gebet abbringen.

RÖMER 12,12

Gott aber, der uns immer wieder neuen Mut und Trost schenkt, helfe euch, einmütig zu sein, so wie es euch Jesus Christus gezeigt hat.

RÖMER 15,5

Was eurem Glauben bisher an Prüfungen zugemutet wurde, überstieg nicht eure Kraft. Gott steht zu euch. Er lässt nicht zu, dass die Versuchung größer ist, als ihr es ertragen könnt. Wenn euer Glaube auf die Probe gestellt wird, schafft Gott auch die Möglichkeit, sie zu bestehen.

1. KORINTHER 10,13

Ihr sollt … seine göttliche Kraft erfahren, damit ihr geduldig und ausdauernd euren Weg gehen könnt.

KOLOSSER 1,11

Aber ihr müsst standhaft bleiben und tun, was Gott von euch erwartet. Er wird euch alles geben, was er zugesagt hat.

HEBRÄER 10,36

Dabei wollen wir nicht nach links oder rechts schauen, sondern allein auf Jesus. Er hat uns den Glauben geschenkt und wird ihn bewahren, bis wir am Ziel sind. Weil große Freude auf ihn wartete, erduldete Jesus den verachteten Tod am Kreuz. Jetzt hat er als Sieger den Platz an der rechten Seite Gottes eingenommen.

HEBRÄER 12,2

Liebe Brüder und Schwestern! Betrachtet es als Grund zur Freude, wenn euer Glaube immer wieder hart auf die Probe gestellt wird. Denn durch solche Bewährungsproben wird euer Glaube fest und unerschütterlich.

JAKOBUS 1,2-3

DEPRESSION

Die Unterdrückten finden bei Gott Zuflucht. In schwerer Zeit beschützt er sie. Herr, wer dich kennenlernt, der wird dir gern vertrauen. Wer sich auf dich verlässt, der ist nie verlassen.

PSALM 9,10-11

Wenn die Gerechten schreien, so hört der Herr und errettet sie aus all ihrer Not.

PSALM 34,18 (LÜ)

In auswegloser Lage schrien sie zum Herrn, und er rettete sie aus ihrer Not. Er holte sie aus den finsteren Gefängnissen und riss ihre Fesseln entzwei. Sie sollen den Herrn preisen für seine Gnade und für seine Wunder, die er uns Menschen erleben lässt. Denn er hat die gepanzerten Türen zerschmettert und die eisernen Riegel aufgebrochen.

PSALM 107,13-16

Wenn du durch tiefes Wasser oder reißende Ströme gehen musst – ich bin bei dir, du wirst nicht ertrinken. Und wenn du ins Feuer gerätst, bleibst du unversehrt. Keine Flamme wird dich verbrennen.

JESAJA 43,2

Berge mögen einstürzen und Hügel wanken, aber meine Liebe zu dir wird nie erschüttert, und mein Friedensbund mit dir wird niemals wanken. Das verspreche ich, der Herr, der dich liebt!

JESAJA 54,10

Gepriesen sei Gott, der Vater unseres Herrn Jesus Christus, der Vater voller Barmherzigkeit, der Gott, der uns in jeder Not tröstet! In allen Schwierigkeiten ermutigt er uns und steht uns bei, sodass wir auch andere trösten können, die wegen ihres Glaubens leiden müssen. Wir trösten sie, wie Gott auch uns getröstet hat.

2. KORINTHER 1,3-4

Ihr Lieben, lasst euch durch die Hitze nicht befremden, die euch widerfährt zu eurer Versuchung, als widerführe euch etwas Seltsames, sondern freut euch, dass ihr mit Christus leidet, damit ihr auch zur Zeit der Offenbarung seiner Herrlichkeit Freude und Wonne haben mögt.

1. PETRUS 4,12-13 (LÜ)

DIENEN

… und wer der Erste sein will, der soll sich allen unterordnen. Auch der Menschensohn ist nicht gekommen, um sich bedienen zu lassen. Er kam, um zu dienen und sein Leben hinzugeben, damit viele Menschen aus der Gewalt des Bösen befreit werden.

MATTHÄUS 20,27-28

Wer unter euch groß sein will, der soll allen anderen dienen.

MATTHÄUS 23,11

Wer mir dienen will, der soll mir folgen. Denn wo ich bin, soll er auch sein. Und wer mir dient, den wird mein Vater ehren.

JOHANNES 12,26

Nun aber sind wir vom Gesetz frei geworden und ihm abgestorben, das uns gefangen hielt, sodass wir dienen im neuen Wesen des Geistes und nicht im alten Wesen des Buchstabens.

RÖMER 7,6 (LÜ)

Weil ihr Gottes Barmherzigkeit erfahren habt, fordere ich euch auf, liebe Brüder und Schwestern, mit eurem ganzen Leben für Gott da zu sein. Seid ein lebendiges Opfer, das Gott dargebracht wird und ihm gefällt. Ihm auf diese Weise zu dienen ist die angemessene Antwort auf seine Liebe.

RÖMER 12,1

Bewältigt eure Aufgaben mit Fleiß, und werdet nicht nachlässig. Lasst euch ganz von Gottes Geist durchdringen, und dient Gott, dem Herrn.

RÖMER 12,11

Durch Christus wurde euch die Freiheit geschenkt, liebe Brüder und Schwestern! Das bedeutet aber nicht, dass ihr jetzt tun und lassen könnt, was ihr wollt. Dient vielmehr einander in Liebe.

GALATER 5,13

Jeder soll dem anderen mit der Begabung dienen, die ihm Gott gegeben hat. Wenn ihr die vielen Gaben Gottes in dieser Weise gebraucht, setzt ihr sie richtig ein.

1. PETRUS 4,10

DURCHHALTEVERMÖGEN

Den Erschöpften gibt er neue Kraft, und die Schwachen macht er stark. Selbst junge Menschen ermüden und werden kraftlos, starke Männer stolpern und brechen zusammen. Aber alle, die ihre Hoffnung auf den Herrn setzen, bekommen neue Kraft. Sie sind wie Adler, denen mächtige Schwingen wachsen. Sie gehen und werden nicht müde, sie laufen und sind nicht erschöpft.

JESAJA 40,29-31

Glücklich sind, die verfolgt werden, weil sie nach Gottes Willen leben. Denn ihnen gehört Gottes neue Welt. Glücklich könnt ihr sein, wenn ihr verachtet, verfolgt und verleumdet werdet, weil ihr mir nachfolgt. Ja, freut euch und jubelt, denn im Himmel werdet ihr dafür reich belohnt werden! Genauso haben sie die Propheten früher auch verfolgt.

MATTHÄUS 5,10-12

Was eurem Glauben bisher an Prüfungen zugemutet wurde, überstieg nicht eure Kraft. Gott steht zu euch. Er lässt nicht zu, dass die Versuchung größer ist, als ihr es ertragen könnt. Wenn euer Glaube auf die Probe gestellt wird, schafft Gott auch die Möglichkeit, sie zu bestehen.

1. KORINTHER 10,13

Was wir jetzt leiden müssen, dauert nicht lange und ist leicht zu ertragen in Anbetracht der unendlichen, unvorstellbaren Herrlichkeit, die uns erwartet.

2. KORINTHER 4,17

Werft nun euer Vertrauen nicht weg! Es wird sich erfüllen, worauf ihr hofft. Aber ihr müsst standhaft bleiben und tun, was Gott von euch erwartet. Er wird euch alles geben, was er zugesagt hat.

HEBRÄER 10,35-36

EHE

So schuf Gott den Menschen als sein Ebenbild, als Mann und Frau schuf er sie. Er segnete sie und sprach: „Vermehrt euch, bevölkert die Erde, und nehmt sie in Besitz! Ihr sollt Macht haben über alle Tiere: über die Fische, die Vögel und alle anderen Tiere auf der Erde!“

1. MOSE 1,27-28

Da ließ Gott, der Herr, einen tiefen Schlaf über ihn kommen, entnahm ihm eine Rippe und verschloss die Stelle wieder mit Fleisch. Aus der Rippe formte er eine Frau und brachte sie zu dem Menschen. Da rief dieser: „Endlich gibt es jemanden wie mich! Sie wurde aus einem Teil von mir gemacht – wir gehören zusammen!“ Darum verlässt ein Mann seine Eltern und verbindet sich so eng mit seiner Frau, dass die beiden eins sind mit Leib und Seele. Der Mann und die Frau waren nackt, sie schämten sich aber nicht.

1. MOSE 2,21-25

Eine tüchtige Frau – wer findet sie schon? Sie ist wertvoller als viele Juwelen!

SPRÜCHE 31,10

Ein Mann verlässt seine Eltern und verbindet sich so eng mit seiner Frau, dass die beiden eins sind mit Leib und Seele. Sie sind also eins und nicht länger zwei voneinander getrennte Menschen. Was nun Gott zusammengefügt hat, soll der Mensch nicht scheiden.

MATTHÄUS 19,5-6

Ja, aber damit niemand zu einem sexuell zügellosen Leben verleitet wird, ist es besser, wenn jeder Mann seine Frau und jede Frau ihren Mann hat. Der Mann soll seine Frau nicht vernachlässigen, und die Frau soll sich ihrem Mann nicht entziehen, denn weder die Frau noch der Mann dürfen eigenmächtig über ihren Körper verfügen; sie gehören einander.

1. KORINTHER 7,2-4

Ihr Frauen, ordnet euch euren Männern unter, so wie ihr euch dem Herrn unterordnet. Denn wie Christus als Haupt für seine Gemeinde verantwortlich ist, die er erlöst hat, so ist auch der Mann für seine Frau verantwortlich. Und wie sich die Gemeinde Christus unterordnet, so sollen sich auch die Frauen in allem ihren Männern unterordnen. Ihr Männer, liebt eure Frauen so, wie Christus seine Gemeinde liebt, für die er sein Leben gab.

EPHESER 5,22-25

EINHEIT

Wie schön und angenehm ist es, wenn Brüder in Frieden zusammenleben!

PSALM 133,1

Ich bleibe in ihnen, und du bleibst in mir. Genau so sollen auch sie ganz eins sein. Und die Welt wird erkennen, dass du mich gesandt hast und dass du meine Jünger liebst, wie du mich liebst.

JOHANNES 17,23

Liebe Brüder und Schwestern, im Auftrag unseres Herrn Jesus Christus möchte ich euch aber bitten: Hört auf, euch zu streiten! Duldet keine Spaltungen in der Gemeinde, sondern steht fest zusammen, seid einig in allem, was ihr glaubt und entscheidet!

1. KORINTHER 1,10

So wie unser Leib aus vielen Gliedern besteht und diese Glieder einen Leib bilden, so besteht auch die Gemeinde Christi aus vielen Gliedern und ist doch ein einziger Leib. Wir haben alle denselben Geist empfangen und gehören durch die Taufe zu dem einen Leib Christi, ganz gleich, ob wir nun Juden oder Griechen, Sklaven oder Freie sind; alle sind wir mit demselben Geist erfüllt.

1. KORINTHER 12,12-13

Jetzt ist es nicht mehr wichtig, ob ihr Juden oder Griechen, Sklaven oder Freie, Männer oder Frauen seid: In Christus seid ihr alle eins.

GALATER 3,28

Durch Christus haben wir Frieden. Er hat Juden und Nichtjuden in seiner Gemeinde vereint und die Mauer zwischen ihnen niedergerissen.

EPHESER 2,14

Setzt alles daran, dass die Einheit, wie sie der Geist Gottes schenkt, bestehen bleibt durch den Frieden, der euch verbindet.

EPHESER 4,3

Wichtiger als alles andere ist die Liebe. Wenn ihr sie habt, wird euch nichts fehlen. Sie ist das Band, das euch verbindet.

KOLOSSER 3,14

EINSAMKEIT

Seid mutig und stark! Habt keine Angst, und lasst euch nicht von ihnen einschüchtern! Der Herr, euer Gott, geht mit euch. Er hält immer zu euch und lässt euch nicht im Stich!

5. MOSE 31,6

Wende dich mir zu, Herr, und rechne meine Schuld nicht an, denn ich bin einsam und niedergeschlagen.

PSALM 25,16

Wenn Vater und Mutter mich verstoßen, nimmst du, Herr, mich doch auf.

PSALM 27,10

Ein Anwalt der Witwen und ein Vater der Waisen ist Gott in seinem Heiligtum. Den Einsamen gibt er ein Zuhause, den Gefangenen schenkt er Freiheit und Glück. Wer jedoch gegen jede Ordnung verstößt, führt ein trostloses Leben.

PSALM 68,6-7

Viele sogenannte Freunde schaden dir nur, aber ein wirklicher Freund steht mehr zu dir als ein Bruder.

SPRÜCHE 18,24

Fürchte dich nicht, denn ich bin bei dir; hab keine Angst, denn ich bin dein Gott! Ich mache dich stark, ich helfe dir, mit meiner siegreichen Hand beschütze ich dich!

JESAJA 41,10

Lehrt sie, so zu leben, wie ich es euch aufgetragen habe. Ihr dürft sicher sein: Ich bin immer bei euch, bis das Ende dieser Welt gekommen ist!

MATTHÄUS 28,20

Denn ich bin ganz sicher: Weder Tod noch Leben, weder Engel noch Dämonen, weder Gegenwärtiges noch Zukünftiges noch irgendwelche Gewalten, weder Hohes noch Tiefes oder sonst irgendetwas können uns von der Liebe Gottes trennen, die er uns in Jesus Christus, unserem Herrn, schenkt.

RÖMER 8,38-39

ELTERNSCHAFT

Ehre deinen Vater und deine Mutter, dann wirst du lange in dem Land leben, das ich, der Herr, dein Gott, dir gebe.

2. MOSE 20,12

Jeder von euch soll seine Mutter und seinen Vater achten und den Sabbat als Ruhetag einhalten. Ich bin der Herr, euer Gott!

3. MOSE 19,3

Bewahrt die Worte im Herzen, die ich euch heute sage! Prägt sie euren Kindern ein! Redet immer und überall davon, ob ihr zu Hause oder unterwegs seid, ob ihr euch schlafen legt oder aufsteht. Schreibt euch diese Worte zur Erinnerung auf ein Band, und bindet es um die Hand und die Stirn! Ritzt sie ein in die Pfosten eurer Haustüren und Stadttore!

5. MOSE 6,6-9

Auch Kinder sind ein Geschenk des Herrn; wer sie bekommt, wird damit reich belohnt.

PSALM 127,3

Erziehe dein Kind schon in jungen Jahren – es wird die Erziehung nicht vergessen, auch wenn es älter wird.

SPRÜCHE 22,6

Erziehe dein Kind mit Strenge! Dann wird es dir viel Freude machen.

SPRÜCHE 29,17

Ihr Väter, behandelt eure Kinder nicht ungerecht! Sonst fordert ihr sie nur zum Widerspruch heraus. Eure Erziehung soll sie vielmehr in Wort und Tat zu Gott, dem Herrn, hinführen.

EPHESER 6,4

Darum bitte ich dich: Halte am Glauben fest, so wie du ihn kennengelernt hast. Von seiner Wahrheit bist du ja überzeugt. Schließlich weißt du genau, wer deine Lehrer waren. Außerdem bist du von frühester Kindheit an mit der Heiligen Schrift vertraut. Sie zeigt dir den einzigen Weg zur Rettung, den Glauben an Jesus Christus.

2. TIMOTHEUS 3,14-15

ERLÖSUNG

Eure Schuld und alle eure Sünden habe ich euch vergeben. Sie sind verschwunden wie Wolken, wie Nebelschwaden in der Sonne. Kommt zurück zu mir, denn ich habe euch erlöst!

JESAJA 44,22

Der das wahre Licht ist, kam in die Welt, um für alle Menschen das Licht zu bringen.

JOHANNES 1,9

Denn Gott hat die Menschen so sehr geliebt, dass er seinen einzigen Sohn für sie hergab. Jeder, der an ihn glaubt, wird nicht zugrunde gehen, sondern das ewige Leben haben.

JOHANNES 3,16

Wer an den Sohn Gottes glaubt, der hat das ewige Leben. Wer aber nicht auf ihn hört, wird nie zum Leben gelangen, sondern Gottes Zorn wird für immer auf ihm lasten.

JOHANNES 3,36

Denn die Sünde wird mit dem Tod bezahlt. Gott aber schenkt uns in der Gemeinschaft mit Jesus Christus, unserem Herrn, ewiges Leben.

RÖMER 6,23

Denn ich bin ganz sicher: Weder Tod noch Leben, weder Engel noch Dämonen, weder Gegenwärtiges noch Zukünftiges noch irgendwelche Gewalten, weder Hohes noch Tiefes oder sonst irgendetwas können uns von der Liebe Gottes trennen, die er uns in Jesus Christus, unserem Herrn, schenkt.

RÖMER 8,38-39

Merkst du es denn nicht? Noch stehe ich vor deiner Tür und klopfe an. Wer jetzt auf meine Stimme hört und mir die Tür öffnet, zu dem werde ich hineingehen und Gemeinschaft mit ihm haben.

OFFENBARUNG 3,20

ERMUTIGUNG

Gott ist unsere Zuflucht und Stärke, ein bewährter Helfer in Zeiten der Not. Darum fürchten wir uns nicht, selbst wenn die Erde erbebt, wenn die Berge wanken und in den Tiefen des Meeres versinken, wenn die Wogen tosen und schäumen und die Berge erschüttert werden.

PSALM 46,2-4

Überlass alle deine Sorgen dem Herrn! Er wird dich wieder aufrichten; niemals lässt er den scheitern, der treu zu ihm steht.

PSALM 55,23

Das ist mein Trost in meinem Elend, dass dein Wort mich erquickt.

PSALM 119,50 (LÜ)

Verlass dich nicht auf deine eigene Urteilskraft, sondern vertraue voll und ganz dem Herrn! Denke bei jedem Schritt an ihn; er zeigt dir den richtigen Weg und krönt dein Handeln mit Erfolg.

SPRÜCHE 3,5-6

Gott, der Herr, ist wie eine starke Festung: Wer auf ihn vertraut, ist in Sicherheit.

SPRÜCHE 18,10

Herr, du gibst Frieden dem, der sich fest an dich hält und dir allein vertraut!

JESAJA 26,3

Auch wenn ich nicht bei euch bleibe, sollt ihr doch Frieden haben. Meinen Frieden gebe ich euch; einen Frieden, den euch niemand auf der Welt geben kann. Seid deshalb ohne Sorge und Furcht!

JOHANNES 14,27

Dies alles habe ich euch gesagt, damit ihr durch mich Frieden habt. In der Welt habt ihr Angst, aber lasst euch nicht entmutigen: Ich habe die Welt besiegt.

JOHANNES 16,33

ERNEUERUNG

Erschaffe in mir ein reines Herz, o Gott; erneuere mich und gib mir Beständigkeit! Stoße mich nicht von dir, und nimm deinen heiligen Geist nicht von mir!

PSALM 51,12-13

Ich will ihnen ein anderes Herz und einen neuen Geist geben. Ich nehme das versteinerte Herz aus ihrer Brust und gebe ihnen ein lebendiges Herz.

HESEKIEL 11,19

Darum geben wir nicht auf. Wenn auch unsere körperlichen Kräfte aufgezehrt werden, wird doch das Leben, das Gott uns schenkt, von Tag zu Tag erneuert. Was wir jetzt leiden müssen, dauert nicht lange und ist leicht zu ertragen in Anbetracht der unendlichen, unvorstellbaren Herrlichkeit, die uns erwartet. Deshalb lassen wir uns von dem, was uns zurzeit so sichtbar bedrängt, nicht ablenken, sondern wir richten unseren Blick auf Gottes neue Welt, auch wenn sie noch unsichtbar ist. Denn das Sichtbare vergeht, doch das Unsichtbare bleibt ewig.

2. KORINTHER 4,16-18

Gehört jemand zu Christus, dann ist er ein neuer Mensch. Was vorher war, ist vergangen, etwas Neues hat begonnen. All dies verdanken wir Gott, der durch Christus mit uns Frieden geschlossen hat. Er hat uns beauftragt, diese Botschaft überall zu verkünden. Denn Gott ist durch Christus selbst in diese Welt gekommen und hat Frieden mit ihr geschlossen, indem er den Menschen ihre Sünden nicht länger anrechnet. Gott hat uns dazu bestimmt, diese Botschaft der Versöhnung in der ganzen Welt zu verbreiten.

2. KORINTHER 5,17-19

ERRETTUNG

Der Engel des Herrn stellt sich schützend vor alle, die Gott ernst nehmen, und bringt sie in Sicherheit.

PSALM 34,8

Zu dir kann ich jederzeit fliehen; du bist seit jeher meine Festung, die kein Feind bezwingen kann.

PSALM 61,4

Auch dich reißt Gott aus den Klauen der Angst, er will dir wieder die Freiheit schenken.

HIOB 36,16

Ich bleibe derselbe; ich werde euch tragen bis ins hohe Alter, bis ihr grau werdet. Ich, der Herr, habe es bisher getan, und ich werde euch auch in Zukunft tragen und retten.

JESAJA 46,4

Dich aber werde ich retten, das verspreche ich dir. Du wirst nicht in die Hände deiner Feinde fallen, vor denen du dich so sehr fürchtest. Ich lasse dich entkommen, damit du nicht getötet wirst. Du sollst am Leben bleiben, weil du mir vertraut hast. Darauf gebe ich, der Herr, mein Wort!

JEREMIA 39,17-18

Und als er das Buch auftat, fand er die Stelle, wo geschrieben steht (Jesaja 61,1-2): „Der Geist des Herrn ist auf mir, weil er mich gesalbt hat, zu verkündigen das Evangelium den Armen; er hat mich gesandt, zu predigen den Gefangenen, dass sie frei sein sollen, und den Blinden, dass sie sehen sollen, und den Zerschlagenen, dass sie frei und ledig sein sollen, zu verkündigen das Gnadenjahr des Herrn."

LUKAS 4,17-19 (LÜ)

Unterstellt euch Gott, und widersetzt euch dem Teufel. Dann muss er von euch fliehen.

JAKOBUS 4,7

Jetzt hörte ich eine gewaltige Stimme im Himmel rufen: „Nun hat Gott den Sieg errungen, er hat seine Stärke gezeigt und seine Herrschaft aufgerichtet! Alle Macht liegt in den Händen seines Sohnes Jesus Christus. Denn der Ankläger ist endgültig gestürzt, der unsere Brüder und Schwestern Tag und Nacht vor Gott beschuldigte. Sie haben ihn besiegt durch das Blut des Lammes und weil sie sich zu Gott bekannt haben. Sie haben ihr Leben für Gott eingesetzt und den Tod nicht gefürchtet."

OFFENBARUNG 12,10-11

Ich bin ganz sicher, dass alles, was wir zurzeit erleiden, nichts ist, verglichen mit der Herrlichkeit, die Gott uns einmal schenken möchte.

RÖMER 8,18

FINANZEN

Der Herr wird euch seine Schatzkammer, den Himmel, aufschließen und eurem Land zur richtigen Zeit Regen schicken. Alle eure Arbeit lässt er gelingen, sodass ihr Menschen aus vielen Völkern etwas leihen könnt und selbst nie etwas borgen müsst.

5. MOSE 28,12

Der Herr ist mein Hirte. Nichts wird mir fehlen.

PSALM 23,1

Wer nachlässig arbeitet, wird arm; fleißige Hände aber bringen Reichtum.

SPRÜCHE 10,4

Erschwindelter Reichtum schwindet bald; was man langsam erwirbt, das vergrößert sich noch.

SPRÜCHE 13,11

Bringt den zehnten Teil eurer Ernte in vollem Umfang zu meinem Tempel, damit in den Vorratsräumen kein Mangel herrscht! Stellt mich doch auf die Probe, und seht, ob ich meine Zusage halte! Denn ich verspreche euch, dass ich dann die Schleusen des Himmels wieder öffne und euch mit allem überreich beschenke.

MALEACHI 3,10

Zerbrecht euch also nicht mehr den Kopf mit Fragen wie: „Werden wir genug zu essen haben? Und was werden wir trinken? Was sollen wir anziehen?" Mit solchen Dingen beschäftigen sich nur Menschen, die Gott nicht kennen. Euer Vater im Himmel weiß doch genau, dass ihr dies alles braucht. Sorgt euch vor allem um Gottes neue Welt, und lebt nach Gottes Willen! Dann wird er euch mit allem anderen versorgen.

MATTHÄUS 6,31-33

Gebt, was ihr habt, dann werdet ihr so reich beschenkt werden, dass ihr gar nicht alles aufnehmen könnt. Mit dem Maßstab, den ihr an andere legt, wird man auch euch messen.

LUKAS 6,38

Aus seinem Reichtum wird euch Gott, dem ich gehöre, durch Jesus Christus alles geben, was ihr zum Leben braucht.

PHILIPPER 4,19

Mein Lieber, ich wünsche, dass es dir in allen Dingen gut gehe und du gesund seist, so wie es deiner Seele gut geht.

3. JOHANNES 2 (LÜ)

FREIHEIT

Du gewährst mir großen Freiraum für mein Leben, weil ich deine Ordnungen beständig erforsche.

PSALM 119,45

Der Geist des Herrn ruht auf mir, weil er mich berufen hat. Er hat mich gesandt, den Armen die frohe Botschaft zu bringen und die Verzweifelten zu trösten. Ich rufe Freiheit aus für die Gefangenen, ihre Fesseln werden nun gelöst und die Kerkertüren geöffnet.

JESAJA 61,1

Wenn euch also der Sohn Gottes befreit, dann seid ihr wirklich frei.

JOHANNES 8,36

Aber jetzt seid ihr frei von der Sünde und dient Gott als seine Knechte. Ihr gehört zu ihm und tut, was ihm gefällt, und schließlich schenkt er euch das ewige Leben.

RÖMER 6,22

Wer nun mit Jesus Christus verbunden ist, wird von Gott nicht mehr verurteilt. Denn für ihn gilt nicht länger das Gesetz der Sünde und des Todes. Es ist durch ein neues Gesetz aufgehoben, nämlich durch das Gesetz des Geistes Gottes, der durch Jesus Christus das Leben bringt.

RÖMER 8,1-2

Mit dem „Herrn" ist Gottes Geist gemeint. Und wo der Geist des Herrn ist, da ist Freiheit.

2. KORINTHER 3,17

Durch Christus sind wir frei geworden, damit wir als Befreite leben. Jetzt kommt es darauf an, dass ihr euch nicht wieder vom Gesetz versklaven lasst.

GALATER 5,1

Jetzt können wir zu jeder Zeit furchtlos und voller Zuversicht zu Gott kommen, weil wir an ihn glauben.

EPHESER 3,12

FREUDE

Und nun geht nach Hause, esst und trinkt! Bereitet euch ein Festmahl zu und feiert! Gebt auch denen etwas, die sich ein solches Mahl nicht leisten können! Dieser Tag gehört unserem Gott. Lasst den Mut nicht sinken, denn die Freude am Herrn gibt euch Kraft!

NEHEMIA 8,10

Du zeigst mir den Weg, der zum Leben führt. Du beschenkst mich mit Freude, denn du bist bei mir. Ich kann mein Glück nicht fassen, nie hört es auf.

PSALM 16,11

Nur einen Augenblick streift uns sein Zorn, aber ein Leben lang währt seine Güte. Wenn wir am Abend noch weinen und traurig sind, so können wir am Morgen doch vor Freude wieder jubeln.

PSALM 30,6

Vorbei ist die Leidenszeit der Einwohner Jerusalems! Sie streuen sich nicht mehr voller Verzweiflung Asche auf den Kopf, sondern schmücken sich mit einem Turban. Statt der Trauergewänder gebe ich ihnen duftendes Öl, das sie erfreut. Ihre Mutlosigkeit will ich in Jubel verwandeln, der sie schmückt wie ein Festkleid. Wer sie dann sieht, vergleicht sie mit Bäumen, die der Herr gepflanzt hat. Man wird sie „Garten des Herrn" nennen, an dem er seine Größe und Macht zeigt.

JESAJA 61,3

Das alles sage ich euch, damit meine Freude euch ganz erfüllt und eure Freude dadurch vollkommen wird.

JOHANNES 15,11

Dagegen bringt der Geist Gottes in unserem Leben nur Gutes hervor: Liebe und Freude, Frieden und Geduld, Freundlichkeit, Güte und Treue, Besonnenheit und Selbstbeherrschung. Ist das bei euch so? Dann kann kein Gesetz mehr etwas von euch fordern!

GALATER 5,22-23

Freut euch Tag für Tag, dass ihr zum Herrn gehört. Und noch einmal will ich es sagen: Freut euch!

PHILIPPER 4,4

FREUNDSCHAFT

Als David aufgehört hatte, mit Saul zu reden, verband sich das Herz Jonatans mit dem Herzen Davids, und Jonatan gewann ihn lieb wie sein eigenes Herz. … Und Jonatan schloss mit David einen Bund, denn er hatte ihn lieb wie sein eigenes Herz.

1. SAMUEL 18,1-3 (LÜ)

Wenn du mit vernünftigen Menschen Umgang pflegst, wirst du selbst vernünftig. Wenn du dich mit Dummköpfen einlässt, schadest du dir nur.

SPRÜCHE 13,20

Auf einen Freund kannst du dich immer verlassen; wenn es dir schlecht geht, ist er für dich wie ein Bruder.

SPRÜCHE 17,17

Viele sogenannte Freunde schaden dir nur, aber ein wirklicher Freund steht mehr zu dir als ein Bruder.

SPRÜCHE 18,24

Wie ich, euer Meister und Herr, euch jetzt die Füße gewaschen habe, so sollt auch ihr euch gegenseitig die Füße waschen. Ich habe euch damit ein Beispiel gegeben, dem ihr folgen sollt. Handelt ebenso!

JOHANNES 13,14-15

Und so lautet mein Gebot: Liebt einander, wie ich euch geliebt habe. Niemand liebt mehr als einer, der sein Leben für die Freunde hingibt.

JOHANNES 15,12-13

Weder Eigennutz noch Streben nach Ehre sollen euer Handeln bestimmen. Im Gegenteil, seid bescheiden, und achtet den anderen mehr als euch selbst. Denkt nicht an euren eigenen Vorteil, sondern habt das Wohl der anderen im Auge.

PHILIPPER 2,3-4

Vor allem aber lasst nicht nach, einander zu lieben. Denn Liebe sieht über Fehler hinweg.

1. PETRUS 4,8

FRIEDEN

Wer dein Gesetz lieb hat, lebt in Frieden und wird niemals scheitern.

PSALM 119,165

Herr, du gibst Frieden dem, der sich fest an dich hält und dir allein vertraut!

JESAJA 26,3

Ach, hättet ihr doch meine Gebote befolgt! Dann wäre euer Friede wie ein Strom, der nie versiegt. Euer Glück würde sich ausbreiten wie die Meereswellen.

JESAJA 48,18

Kommt alle her zu mir, die ihr euch abmüht und unter eurer Last leidet! Ich werde euch Ruhe geben. Lasst euch von mir in den Dienst nehmen, und lernt von mir! Ich meine es gut mit euch und sehe auf niemanden herab. Bei mir findet ihr Ruhe für euer Leben.

MATTHÄUS 11,28-29

Auch wenn ich nicht bei euch bleibe, sollt ihr doch Frieden haben. Meinen Frieden gebe ich euch; einen Frieden, den euch niemand auf der Welt geben kann. Seid deshalb ohne Sorge und Furcht!

JOHANNES 14,27

Dies alles habe ich euch gesagt, damit ihr durch mich Frieden habt. In der Welt habt ihr Angst, aber lasst euch nicht entmutigen: Ich habe die Welt besiegt.

JOHANNES 16,33

Macht euch keine Sorgen! Ihr dürft Gott um alles bitten. Sagt ihm, was euch fehlt, und dankt ihm! Und Gottes Friede, der all unser Verstehen übersteigt, wird eure Herzen und Gedanken im Glauben an Jesus Christus bewahren.

PHILIPPER 4,6-7

Und der Friede, den Christus schenkt, soll euer ganzes Leben bestimmen. Gott hat euch dazu berufen, als Gemeinde Jesu in diesem Frieden ein Leib zu sein. Dankt Gott dafür!

KOLOSSER 3,15

FÜHRUNG

Vieles, was der Herr, unser Gott, tut, bleibt uns verborgen. Doch seinen Willen hat er uns eindeutig mitgeteilt. Er hat uns seine Gebote gegeben, die in diesem Gesetzbuch aufgeschrieben sind. Ihnen sollen wir und unsere Nachkommen für alle Zeiten gehorchen.

5. MOSE 29,28

Herr, zeige mir, welchen Weg ich einschlagen soll, und lass mich erkennen, was du von mir willst!

PSALM 25,4

So wirst du Freundschaft und Ansehen bei Gott und Menschen finden. Verlass dich nicht auf deine eigene Urteilskraft, sondern vertraue voll und ganz dem Herrn! Denke bei jedem Schritt an ihn; er zeigt dir den richtigen Weg und krönt dein Handeln mit Erfolg.

SPRÜCHE 3,4-6

Fürchte dich nicht, denn ich bin bei dir; hab keine Angst, denn ich bin dein Gott! Ich mache dich stark, ich helfe dir, mit meiner siegreichen Hand beschütze ich dich!

JESAJA 41,10

Wer kann die Gedanken des Herrn erkennen, oder wer könnte gar Gottes Ratgeber sein? Nun, wir haben den Geist Christi empfangen und können ihn verstehen.

1. KORINTHER 2,16

Ich hätte euch noch viel mehr zu sagen, aber jetzt würde es euch überfordern. Wenn aber der Geist der Wahrheit kommt, hilft er euch dabei, die Wahrheit vollständig zu erfassen. Denn er redet nicht in seinem eigenen Auftrag, sondern wird nur das sagen, was er gehört hat. Auch was euch in Zukunft erwartet, wird er euch verkünden. So wird er meine Herrlichkeit sichtbar machen; denn alles, was er euch zeigt, kommt von mir. Was der Vater hat, gehört auch mir. Deshalb kann ich mit Recht sagen: Alles, was er euch zeigt, kommt von mir.

JOHANNES 16,12-15

Wenn es jemandem von euch an Weisheit fehlt, soll er Gott darum bitten, und Gott wird sie ihm geben. Ihr wisst doch, dass er niemandem seine Unwissenheit vorwirft und dass er jeden reich beschenkt. Betet aber in großer Zuversicht, und zweifelt nicht; denn wer zweifelt, gleicht den Wellen im Meer, die vom Sturm hin- und hergetrieben werden.

JAKOBUS 1,5-6

FURCHT

Der Herr selbst wird für euch kämpfen, wartet ihr nur ruhig ab!

2. MOSE 14,14

Der Herr selbst geht vor dir her. Er steht dir zur Seite und verlässt dich nicht. Immer hält er zu dir. Hab keine Angst, und lass dich von niemandem einschüchtern!

5. MOSE 31,8

Ja, ich sage es noch einmal: Sei mutig und entschlossen! Lass dich nicht einschüchtern, und hab keine Angst! Denn ich, der Herr, dein Gott, bin bei dir, wohin du auch gehst.

JOSUA 1,9

Und geht es auch durch dunkle Täler, fürchte ich mich nicht, denn du, Herr, bist bei mir. Du beschützt mich mit deinem Hirtenstab.

PSALM 23,4

Der Herr ist mein Licht, er rettet mich. Vor wem sollte ich mich noch fürchten? Bei ihm bin ich geborgen wie in einer Burg. Vor wem sollte ich noch zittern und zagen?

PSALM 27,1

Denn ich bin der Herr, dein Gott. Ich nehme dich an deiner rechten Hand und sage: Hab keine Angst! Ich helfe dir.

JESAJA 41,13

Wenn du durch tiefes Wasser oder reißende Ströme gehen musst – ich bin bei dir, du wirst nicht ertrinken. Und wenn du ins Feuer gerätst, bleibst du unversehrt. Keine Flamme wird dich verbrennen.

JESAJA 43,2

Meinen Frieden gebe ich euch; einen Frieden, den euch niemand auf der Welt geben kann. Seid deshalb ohne Sorge und Furcht!

JOHANNES 14,27

GEBET

Darum sollt ihr so beten: „Unser Vater im Himmel! Dein Name werde geheiligt. Dein Reich komme. Dein Wille geschehe wie im Himmel so auf Erden. Unser tägliches Brot gib uns heute. Und vergib uns unsere Schuld, wie auch wir vergeben unsern Schuldigern. Und führe uns nicht in Versuchung, sondern erlöse uns von dem Bösen. Denn dein ist das Reich und die Kraft und die Herrlichkeit in Ewigkeit. Amen."

MATTHÄUS 6,9-13 (LÜ)

Ja, ich sage euch: Um was ihr auch bittet – glaubt fest, dass ihr es schon bekommen habt, und Gott wird es euch geben!

MARKUS 11,24

Hört nie auf, zu bitten und zu beten! Gottes Geist wird euch dabei leiten. Bleibt wach und bereit. Bittet Gott inständig für alle Christen.

EPHESER 6,18

Hört niemals auf zu beten.

1. THESSALONICHER 5,17

Am wichtigsten ist, dass die Gemeinde nicht aufhört zu beten. Betet für alle Menschen; bringt eure Bitten, Wünsche, eure Anliegen und euren Dank für sie vor Gott. Betet besonders für alle, die in Regierung und Staat Verantwortung tragen, damit wir in Ruhe und Frieden leben können, ehrfürchtig vor Gott und aufrichtig unseren Mitmenschen gegenüber.

1. TIMOTHEUS 2,1-2

Ich will, dass die Männer in allen Gemeinden beten, mit reinem Gewissen; sie sollen gegen niemanden Groll hegen und nicht im Streit leben.

1. TIMOTHEUS 2,8

Er tritt für uns ein, daher dürfen wir mit Zuversicht und ohne Angst zu Gott kommen. Er wird uns seine Barmherzigkeit und Gnade zuwenden, wenn wir seine Hilfe brauchen.

HEBRÄER 4,16

Bekennt einander eure Sünden und betet füreinander, damit ihr geheilt werdet. Denn das Gebet eines Menschen, der nach Gottes Willen lebt, hat große Kraft.

JAKOBUS 5,16

GEDULD

Sei geduldig und warte darauf, dass der Herr eingreift! Entrüste dich nicht, wenn Menschen böse Pläne schmieden und ihnen dabei alles gelingt!

PSALM 37,7

Beharrlich habe ich auf den Herrn geharrt, da neigte er sich zu mir und erhörte mein Schreien.

PSALM 40,2 (SÜ)

Denn was ich dir jetzt offenbare, wird nicht sofort eintreffen, sondern erst zur festgesetzten Zeit. Es wird sich ganz bestimmt erfüllen, darauf kannst du dich verlassen. Warte geduldig, selbst wenn es noch eine Weile dauert!

HABAKUK 2,3

Seid fröhlich in der Hoffnung darauf, dass Gott seine Zusagen erfüllt. Seid standhaft, wenn ihr verfolgt werdet. Und lasst euch durch nichts vom Gebet abbringen.

RÖMER 12,12

Werft nun euer Vertrauen nicht weg! Es wird sich erfüllen, worauf ihr hofft. Aber ihr müsst standhaft bleiben und tun, was Gott von euch erwartet. Er wird euch alles geben, was er zugesagt hat.

HEBRÄER 10,35-36

Liebe Brüder und Schwestern! Betrachtet es als Grund zur Freude, wenn euer Glaube immer wieder hart auf die Probe gestellt wird. Denn durch solche Bewährungsproben wird euer Glaube fest und unerschütterlich. Bis zuletzt sollt ihr so unerschütterlich festbleiben, damit ihr in jeder Beziehung zu reifen Christen werdet und niemand euch etwas vorwerfen kann oder etwas an euch zu bemängeln hat.

JAKOBUS 1,2-4

Meine Brüder und Schwestern, wartet geduldig, bis der Herr kommt. Muss nicht auch der Bauer mit viel Geduld abwarten, bis er die Ernte einfahren kann? Er weiß, dass die Saat dazu den Herbstregen und den Frühlingsregen braucht. Auch ihr müsst geduldig sein und dürft nicht mutlos werden, denn der Herr kommt bald.

JAKOBUS 5,7-8

GESUNDHEIT

Halte dich nicht selbst für klug; gehorche Gott und meide das Böse! Das heilt und belebt deinen ganzen Körper, du fühlst dich wohl und gesund.

SPRÜCHE 3,7-8

Mein Sohn, hör gut zu, und pass auf, was ich dir sage! Verachte meine Worte nicht, sondern präg sie dir fest ein! Sie geben dir ein erfülltes Leben und erhalten dich gesund.

SPRÜCHE 4,20-22

Ein freundliches Wort ist wie Honig: angenehm im Geschmack und gesund für den Körper.

SPRÜCHE 16,24

Aber alle, die ihre Hoffnung auf den Herrn setzen, bekommen neue Kraft. Sie sind wie Adler, denen mächtige Schwingen wachsen. Sie gehen und werden nicht müde, sie laufen und sind nicht erschöpft.

JESAJA 40,31

Ich will dich wieder gesund machen und deine Wunden heilen, auch wenn deine Feinde meinen, du seist von mir verstoßen worden. „Zion, um die sich niemand kümmert" nennen sie dich.

JEREMIA 30,17

Ich hoffe, dass es dir gut geht und du an Leib und Seele so gesund bist wie in deinem Glauben.

3. JOHANNES 2

GLAUBE

Wenn euer Glaube nur so groß wäre wie ein Senfkorn, könntet ihr zu diesem Berg sagen: „Rücke von hier dorthin!", und es würde geschehen. Nichts wäre euch unmöglich!

MATTHÄUS 17,20

Denn darin wird offenbart die Gerechtigkeit, die vor Gott gilt, welche kommt aus Glauben in Glauben; wie geschrieben steht (Habakuk 2,4): „Der Gerechte wird aus Glauben leben."

RÖMER 1,17 (LÜ)

Denn was sagt die Schrift? „Abraham hat Gott geglaubt und das ist ihm zur Gerechtigkeit gerechnet worden."

RÖMER 4,3 (LÜ)

Nachdem wir durch den Glauben von unserer Schuld freigesprochen sind, haben wir Frieden mit Gott durch unseren Herrn Jesus Christus. Wir können ihm vertrauen, er hat uns die Tür zu diesem neuen Leben geöffnet. Im Vertrauen haben wir dieses Geschenk angenommen. Und mehr noch: Wir werden einmal an Gottes Herrlichkeit teilhaben. Diese Hoffnung erfüllt uns mit Freude und Stolz.

RÖMER 5,1-2

Denn nur durch seine unverdiente Güte seid ihr vom Tod errettet worden. Ihr habt sie erfahren, weil ihr an Jesus Christus glaubt. Dies alles ist ein Geschenk Gottes und nicht euer eigenes Werk. Durch eigene Leistungen kann man bei Gott nichts erreichen. Deshalb kann sich niemand etwas auf seine guten Taten einbilden.

EPHESER 2,8-9

Der Glaube ist der tragende Grund für das, was man hofft: Im Vertrauen zeigt sich jetzt schon, was man noch nicht sieht.

HEBRÄER 11,1

Denn Gott hat nur an den Menschen Gefallen, die ihm fest vertrauen. Ohne Glauben ist das unmöglich. Wer nämlich zu Gott kommen will, muss darauf vertrauen, dass es ihn gibt und dass er alle belohnen wird, die ihn suchen.

HEBRÄER 11,6

Jedes Kind Gottes kann den Sieg erringen über alles, was sich in dieser Welt Gott widersetzt. Ja, unser Glaube hat diese Welt bereits besiegt. Denn nur wer daran glaubt, dass Jesus der Sohn Gottes ist, kann diesen Sieg erringen.

1. JOHANNES 5,4-5

GNADE

Und das Wort ward Fleisch und wohnte unter uns, und wir sahen seine Herrlichkeit, eine Herrlichkeit als des eingeborenen Sohnes vom Vater, voller Gnade und Wahrheit. … Und von seiner Fülle haben wir alle genommen Gnade um Gnade.

JOHANNES 1,14.16 (LÜ)

Da wir nun gerecht geworden sind durch den Glauben, haben wir Frieden mit Gott durch unsern Herrn Jesus Christus; durch ihn haben wir auch den Zugang im Glauben zu dieser Gnade, in der wir stehen, und rühmen uns der Hoffnung der zukünftigen Herrlichkeit, die Gott geben wird.

RÖMER 5,1-2 (LÜ)

Gott aber ist mächtig, euch jede Gnade im Überfluss zu spenden, sodass ihr in allem allezeit alle Genüge habt und überreich seid zu jedem guten Werk.

2. KORINTHER 9,8 (SÜ)

Aber er hat zu mir gesagt: „Meine Gnade ist alles, was du brauchst! Denn gerade wenn du schwach bist, wirkt meine Kraft ganz besonders an dir."

2. KORINTHER 12,9

Denn durch sein Blut, das er am Kreuz vergossen hat, sind wir erlöst, sind unsere Sünden vergeben. Und das verdanken wir allein Gottes unermesslich großer Gnade.

EPHESER 1,7

Denn nur durch seine unverdiente Güte seid ihr vom Tod errettet worden. Ihr habt sie erfahren, weil ihr an Jesus Christus glaubt. Dies alles ist ein Geschenk Gottes und nicht euer eigenes Werk. Durch eigene Leistungen kann man bei Gott nichts erreichen. Deshalb kann sich niemand etwas auf seine guten Taten einbilden.

EPHESER 2,8-9

Doch er gehört nicht zu denen, die unsere Schwächen nicht verstehen und zu keinem Mitleiden fähig sind. Jesus Christus musste mit denselben Versuchungen kämpfen wie wir, doch im Gegensatz zu uns hat er nie gesündigt. Er tritt für uns ein, daher dürfen wir mit Zuversicht und ohne Angst zu Gott kommen. Er wird uns seine Barmherzigkeit und Gnade zuwenden, wenn wir seine Hilfe brauchen.

HEBRÄER 4,15-16

Umso reicher aber ist die Gnade, die er gibt. Darum spricht er: „Gott widersteht den Hochmütigen; den Demütigen aber gibt er Gnade."

JAKOBUS 4,6 (SÜ)

GOTTES LIEBE

Der Herr ist mir erschienen von ferne: Ich habe dich je und je geliebt, darum habe ich dich zu mir gezogen aus lauter Güte.

JEREMIA 31,3 (LÜ)

Denn Gott hat die Menschen so sehr geliebt, dass er seinen einzigen Sohn für sie hergab. Jeder, der an ihn glaubt, wird nicht zugrunde gehen, sondern das ewige Leben haben.

JOHANNES 3,16

Gott aber hat uns seine große Liebe gerade dadurch bewiesen, dass Christus für uns starb, als wir noch Sünder waren.

RÖMER 5,8

Denn ich bin ganz sicher: Weder Tod noch Leben, weder Engel noch Dämonen, weder Gegenwärtiges noch Zukünftiges noch irgendwelche Gewalten, weder Hohes noch Tiefes oder sonst irgendetwas können uns von der Liebe Gottes trennen, die er uns in Jesus Christus, unserem Herrn, schenkt.

RÖMER 8,38-39

Aber Gottes Barmherzigkeit ist groß. Wegen unserer Sünden waren wir in Gottes Augen tot. Doch er hat uns so sehr geliebt, dass er uns mit Christus neues Leben schenkte. Denkt immer daran: Alles verdankt ihr allein der Gnade Gottes. Durch den Glauben an Christus sind wir mit ihm auferstanden und haben einen Platz in Gottes neuer Welt.

EPHESER 2,4-6

Wer aber nicht liebt, der weiß nichts von Gott; denn Gott ist Liebe. Gottes Liebe zu uns ist für alle sichtbar geworden, als er seinen einzigen Sohn in die Welt sandte, damit wir durch ihn leben können. Das Einzigartige an dieser Liebe ist: Nicht wir haben Gott geliebt, sondern er hat uns seine Liebe geschenkt. Er gab uns seinen Sohn, der alle Schuld auf sich nahm, um uns von unserer Schuld freizusprechen. Meine Freunde, wenn uns Gott so sehr liebt, dann müssen auch wir einander lieben.

1. JOHANNES 4,8-11

HEILUNG

Hört auf mich, den Herrn, euren Gott, und lebt so, wie es mir gefällt! Haltet euch an meine Gebote und Weisungen! Wenn ihr das tut, werdet ihr keine der Krankheiten bekommen, mit denen ich die Ägypter bestraft habe. Denn ich bin der Herr, der euch heilt!

2. MOSE 15,26

Ich will den Herrn loben und nie vergessen, wie viel Gutes er mir getan hat. Ja, er vergibt mir meine ganze Schuld und heilt mich von allen Krankheiten! Er bewahrt mich vor dem sicheren Tod und schenkt mir das Leben neu. Seine Liebe und Güte umgeben mich allezeit. Mein Leben lang gibt er mir Gutes im Überfluss, darum fühle ich mich jung und stark wie ein Adler.

PSALM 103,2-5

Doch er wurde blutig geschlagen, weil wir Gott die Treue gebrochen hatten; wegen unserer Sünden wurde er durchbohrt. Er wurde für uns bestraft – und wir? Wir haben nun Frieden mit Gott! Durch seine Wunden sind wir geheilt.

JESAJA 53,5

Danach zog Jesus durch die Städte und Dörfer. Er sprach in den Synagogen und verkündete überall im Land die rettende Botschaft von Gottes neuer Welt. Wohin er auch kam, heilte er alle Krankheiten und Leiden.

MATTHÄUS 9,35

Jeder versuchte, Jesus zu berühren; denn von ihm ging eine Kraft aus, die sie alle heilte.

LUKAS 6,19

Leidet jemand unter euch? Dann soll er beten! Hat einer Grund zur Freude? Dann soll er Gott Loblieder singen. Wenn jemand von euch krank ist, soll er die Gemeindeleiter zu sich rufen, damit sie für ihn beten und ihn im Namen des Herrn mit Öl salben. Wenn sie im festen Vertrauen beten, wird der Herr dem Kranken helfen. Er wird ihn aufrichten und ihm vergeben, wenn er Schuld auf sich geladen hat.

JAKOBUS 5,13-15

HOFFNUNG

Warum nur bin ich so traurig? Warum ist mein Herz so schwer? Auf Gott will ich hoffen, denn ich weiß: Ich werde ihm wieder danken. Er ist mein Gott, er wird mir beistehen!

PSALM 42,6

Denn ich allein weiß, was ich mit euch vorhabe: Ich, der Herr, werde euch Frieden schenken und euch aus dem Leid befreien. Ich gebe euch wieder Zukunft und Hoffnung.

JEREMIA 29,11

Aber eine Hoffnung bleibt mir noch, an ihr halte ich fest: Die Güte des Herrn hat kein Ende, sein Erbarmen hört niemals auf, es ist jeden Morgen neu! Groß ist deine Treue, o Herr! Darum sage ich: Herr, ich brauche nur dich! Auf dich will ich hoffen.

KLAGELIEDER 3,21-24

Und diese Hoffnung geht nicht ins Leere. Denn uns ist der Heilige Geist geschenkt, und durch ihn hat Gott unsere Herzen mit seiner Liebe erfüllt.

RÖMER 5,5

Deshalb wünsche ich für euch alle, dass Gott, der diese Hoffnung schenkt, euch in eurem Glauben mit großer Freude und vollkommenem Frieden erfüllt, damit eure Hoffnung durch die Kraft des Heiligen Geistes wachse.

RÖMER 15,13

Ihnen wollte Gott zeigen, wie unbegreiflich und wunderbar dieses Geheimnis ist, das allen Menschen auf dieser Erde gilt: Christus lebt mitten unter euch. Er hat euch die Hoffnung auf die Herrlichkeit Gottes geschenkt.

KOLOSSER 1,27

Der Glaube ist der tragende Grund für das, was man hofft: Im Vertrauen zeigt sich jetzt schon, was man noch nicht sieht.

HEBRÄER 11,1

KRAFT

Der Herr hat mir Kraft gegeben und mich froh gemacht; nun kann ich wieder singen. Er hat mich gerettet! Er ist mein Gott, ihn will ich preisen! Er ist der Gott meines Vaters, ihn allein will ich ehren.

2. MOSE 15,2

Der Herr ist mein Licht, er rettet mich. Vor wem sollte ich mich noch fürchten? Bei ihm bin ich geborgen wie in einer Burg. Vor wem sollte ich noch zittern und zagen?

PSALM 27,1

Seid stark und mutig, alle, die ihr dem Herrn vertraut!

PSALM 31,25

Den Erschöpften gibt er neue Kraft, und die Schwachen macht er stark. Selbst junge Menschen ermüden und werden kraftlos, starke Männer stolpern und brechen zusammen. Aber alle, die ihre Hoffnung auf den Herrn setzen, bekommen neue Kraft. Sie sind wie Adler, denen mächtige Schwingen wachsen. Sie gehen und werden nicht müde, sie laufen und sind nicht erschöpft.

JESAJA 40,29-31

Fürchte dich nicht, denn ich bin bei dir; hab keine Angst, denn ich bin dein Gott! Ich mache dich stark, ich helfe dir, mit meiner siegreichen Hand beschütze ich dich!

JESAJA 41,10

Aber er hat zu mir gesagt: „Meine Gnade ist alles, was du brauchst! Denn gerade wenn du schwach bist, wirkt meine Kraft ganz besonders an dir."

2. KORINTHER 12,9

Alles kann ich durch Christus, der mir Kraft und Stärke gibt.

PHILIPPER 4,13

KUMMER

Ich aber bin gewiss: Gott wird mich erlösen, er wird mich den Klauen des Todes entreißen.

PSALM 49,16

Wenn du durch tiefes Wasser oder reißende Ströme gehen musst – ich bin bei dir, du wirst nicht ertrinken. Und wenn du ins Feuer gerätst, bleibst du unversehrt. Keine Flamme wird dich verbrennen.

JESAJA 43,2

Selig sind, die da Leid tragen; denn sie sollen getröstet werden.

MATTHÄUS 5,4 (LÜ)

Da antwortete ihm Jesus: „Ich versichere dir: Noch heute wirst du mit mir im Paradies sein."

LUKAS 23,43

Tod, wo ist dein Sieg? Tod, wo bleibt nun deine Macht? Der Tod hat Macht durch die Sünde, und die Sünde hat ihre Kraft durch das Gesetz. Aber gelobt sei Gott, der uns den Sieg schenkt durch Jesus Christus, unseren Herrn!

1. KORINTHER 15,55-57

Gepriesen sei Gott, der Vater unseres Herrn Jesus Christus, der Vater voller Barmherzigkeit, der Gott, der uns in jeder Not tröstet! In allen Schwierigkeiten ermutigt er uns und steht uns bei, sodass wir auch andere trösten können, die wegen ihres Glaubens leiden müssen. Wir trösten sie, wie Gott auch uns getröstet hat.

2. KORINTHER 1,3-4

Und nun, liebe Brüder und Schwestern, möchten wir euch nicht im Unklaren darüber lassen, was mit den Christen ist, die schon gestorben sind. Ihr sollt nicht trauern wie die Menschen, denen die Hoffnung auf das ewige Leben fehlt. Wir glauben doch, dass Jesus gestorben und auferstanden ist. Darum vertrauen wir auch darauf, dass Gott alle, die im Glauben an Jesus Christus gestorben sind, auferwecken wird.

1. THESSALONICHER 4,13-14

Er wird alle ihre Tränen trocknen, und der Tod wird keine Macht mehr haben. Leid, Klage und Schmerzen wird es nie wieder geben; denn was einmal war, ist für immer vorbei.

OFFENBARUNG 21,4

LIEBE

Nun, ihr Israeliten! Was verlangt der Herr, euer Gott, von euch? Nichts anderes, als dass ihr ihn achtet und immer seinen Wegen folgt, dass ihr ihn liebt und ihm von ganzem Herzen mit aller Hingabe dient.

5. MOSE 10,12

Jesus antwortete ihm: „Du sollst den Herrn, deinen Gott, lieben von ganzem Herzen, mit ganzer Hingabe und mit deinem ganzen Verstand! Das ist das erste und wichtigste Gebot. Ebenso wichtig ist aber das zweite: Liebe deinen Mitmenschen wie dich selbst!"

MATTHÄUS 22,37-39

Heute gebe ich euch ein neues Gebot: Liebt einander! So wie ich euch geliebt habe, so sollt ihr euch auch untereinander lieben. An eurer Liebe zueinander wird jeder erkennen, dass ihr meine Jünger seid.

JOHANNES 13,34-35

Denn ich bin ganz sicher: Weder Tod noch Leben, weder Engel noch Dämonen, weder Gegenwärtiges noch Zukünftiges noch irgendwelche Gewalten, weder Hohes noch Tiefes oder sonst irgendetwas können uns von der Liebe Gottes trennen, die er uns in Jesus Christus, unserem Herrn, schenkt.

RÖMER 8,38-39

Eure Liebe soll aufrichtig sein. Und wie ihr das Böse hassen müsst, sollt ihr das Gute lieben. Seid in herzlicher Liebe miteinander verbunden, gegenseitige Achtung soll euer Zusammenleben bestimmen.

RÖMER 12,9-10

Liebe ist geduldig und freundlich. Sie ist nicht verbissen, sie prahlt nicht und schaut nicht auf andere herab. Liebe verletzt nicht den Anstand und sucht nicht den eigenen Vorteil, sie lässt sich nicht reizen und ist nicht nachtragend. Sie freut sich nicht am Unrecht, sondern freut sich, wenn die Wahrheit siegt. Liebe ist immer bereit zu verzeihen, stets vertraut sie, sie verliert nie die Hoffnung und hält durch bis zum Ende.

1. KORINTHER 13,4-7

Meine Freunde! Lasst uns einander lieben, denn die Liebe kommt von Gott. Wer liebt, ist ein Kind Gottes und kennt Gott.

1. JOHANNES 4,7

MACHT DES GLAUBENS

Verkündet Gottes Macht; er regiert über Israel, seiner Macht ist auch über den Wolken keine Grenze gesetzt!

PSALM 68,35

Aber ihr werdet den Heiligen Geist empfangen und durch seine Kraft meine Zeugen sein in Jerusalem und Judäa, in Samarien und auf der ganzen Erde.

APOSTELGESCHICHTE 1,8

Als sie gebetet hatten, bebte das Haus, in dem sie zusammengekommen waren. Sie wurden alle mit dem Heiligen Geist erfüllt und verkündeten furchtlos die Botschaft Gottes.

APOSTELGESCHICHTE 4,31

Die Sünde hat ihre Macht über euch verloren. Denn ihr seid nicht länger an das Gesetz gebunden, sondern ihr lebt von der Barmherzigkeit Gottes.

RÖMER 6,14

Gott aber kann viel mehr tun, als wir jemals von ihm erbitten oder uns auch nur vorstellen können. So groß ist seine Kraft, die in uns wirkt. Deshalb wollen wir ihn mit der ganzen Gemeinde durch Jesus Christus ewig und für alle Zeiten loben und preisen.

EPHESER 3,20-21

Für euch alle gilt: Werdet stark, weil ihr mit dem Herrn verbunden seid, mit seiner Macht und seiner Stärke! Greift zu den Waffen Gottes, damit ihr alle heimtückischen Anschläge des Teufels abwehren könnt!

EPHESER 6,10-11

Um Christus allein geht es mir. Ihn will ich immer besser kennenlernen und die Kraft seiner Auferstehung erfahren, aber auch seine Leiden möchte ich mit ihm teilen und seinen Tod mit ihm sterben.

PHILIPPER 3,10

Alles kann ich durch Christus, der mir Kraft und Stärke gibt.

PHILIPPER 4,13

MUT

Lasst euch also nicht von ihnen einschüchtern! Der Herr, euer Gott, ist mitten unter euch, ein großer Gott, den man fürchten muss.

5. MOSE 7,21

Sag dir die Gebote immer wieder auf! Denke Tag und Nacht über sie nach, damit du dein Leben ganz nach ihnen ausrichtest. Dann wird dir alles gelingen, was du dir vornimmst. Ja, ich sage es noch einmal: Sei mutig und entschlossen! Lass dich nicht einschüchtern, und hab keine Angst! Denn ich, der Herr, dein Gott, bin bei dir, wohin du auch gehst.

JOSUA 1,8-9

Vertraue auf den Herrn! Sei stark und mutig, vertraue auf den Herrn!

PSALM 27,14

Aber die auf den Herrn harren, kriegen neue Kraft, dass sie auffahren mit Flügeln wie Adler, dass sie laufen und nicht matt werden, dass sie wandeln und nicht müde werden.

JESAJA 40,31 (LÜ)

Fürchte dich nicht, denn ich bin bei dir; hab keine Angst, denn ich bin dein Gott! Ich mache dich stark, ich helfe dir, mit meiner siegreichen Hand beschütze ich dich!

JESAJA 41,10

Die Mitglieder des Hohen Rates wunderten sich darüber, wie mutig Petrus und Johannes redeten; wussten sie doch, dass es einfache Leute ohne besondere Bildung waren. Aber sie erkannten die beiden als Jünger Jesu wieder.

APOSTELGESCHICHTE 4,13

SCHUTZ

Bei dir bin ich in Sicherheit; du lässt nicht zu, dass ich vor Angst und Not umkomme. Ich singe und juble: „Du hast mich befreit!"

PSALM 32,7

Der Herr ist denen nahe, die verzweifelt sind, und rettet jeden, der alle Hoffnung verloren hat. Zwar bleiben auch dem, der treu zu Gott steht, Schmerz und Leid nicht erspart; doch aus allem befreit ihn der Herr!

PSALM 34,19-20

Liebt ihr den Herrn? Dann verabscheut das Böse! Gott beschützt alle, die ihm treu sind, und rettet sie aus der Gewalt der Gottlosen.

PSALM 97,10

Selbst wenn ich von allen Seiten bedrängt werde, erhältst du mich am Leben! Du stellst dich meinen zornigen Feinden entgegen und rettest mich durch deine Macht. Ja, Herr, du wirst dich auch in Zukunft um mich kümmern, deine Gnade hört niemals auf!

PSALM 138,7-8

In der Stunde der Bewährung kann der Gottlose nicht bestehen, aber wer Gott gehorcht, der steht auf festem Fundament.

SPRÜCHE 10,25

Was Gott sagt, ist wahr und zuverlässig; er beschützt alle, die Schutz bei ihm suchen.

SPRÜCHE 30,5

„Hab keine Angst!", ermutigte er mich. „Du wolltest gern erkennen, was Gott tun will, und hast dich vor ihm gedemütigt. Schon an dem Tag, als du anfingst zu beten, hat er dich erhört. Darum bin ich nun zu dir gekommen."

DANIEL 10,12

SEGEN

Dient mir, dem Herrn, eurem Gott! Dann werde ich euch reichlich Essen und Trinken geben und alle Krankheiten von euch fernhalten.

2. MOSE 23,25

Wenn ihr ihm gehorcht, werdet ihr seinen ganzen Segen erfahren.

5. MOSE 28,2

Der Herr segnete Hiob von jetzt an mehr als je zuvor. Bald besaß er 1400 Schafe und Ziegen, 6000 Kamele, 1000 Rindergespanne und 1000 Esel.

HIOB 42,12

Wohl dem, der nicht wandelt im Rat der Gottlosen noch tritt auf den Weg der Sünder noch sitzt, wo die Spötter sitzen, sondern hat Lust am Gesetz des Herrn und sinnt über seinem Gesetz Tag und Nacht!

PSALM 1,1-2 (LÜ)

Glücklich ist, wer sich für die Schwachen einsetzt! Wenn ihn ein Unglück trifft, hilft der Herr ihm wieder heraus. Der Herr wird ihn beschützen und am Leben erhalten; im ganzen Land wird man von seinem Glück erzählen. Gott überlässt ihn nicht der Wut seiner Feinde.

PSALM 41,2-3

Selig sind, die da geistlich arm sind; denn ihrer ist das Himmelreich. Selig sind, die da Leid tragen; denn sie sollen getröstet werden. Selig sind die Sanftmütigen; denn sie werden das Erdreich besitzen. Selig sind, die da hungert und dürstet nach der Gerechtigkeit; denn sie sollen satt werden. Selig sind die Barmherzigen; denn sie werden Barmherzigkeit erlangen. Selig sind, die reinen Herzens sind; denn sie werden Gott schauen. Selig sind die Friedfertigen; denn sie werden Gottes Kinder heißen. Selig sind, die um der Gerechtigkeit willen verfolgt werden; denn ihrer ist das Himmelreich. Selig seid ihr, wenn euch die Menschen um meinetwillen schmähen und verfolgen und reden allerlei Übles gegen euch, wenn sie damit lügen.

MATTHÄUS 5,3-11 (LÜ)

Ich, der allmächtige Gott, fordere euch nun auf: Bringt den zehnten Teil eurer Ernte in vollem Umfang zu meinem Tempel, damit in den Vorratsräumen kein Mangel herrscht! Stellt mich doch auf die Probe, und seht, ob ich meine Zusage halte! Denn ich verspreche euch, dass ich dann die Schleusen des Himmels wieder öffne und euch mit allem überreich beschenke.

MALEACHI 3,10

SIEG

Der Herr, euer Gott, zieht mit euch in die Schlacht! Er kämpft auf eurer Seite und gibt euch den Sieg über eure Feinde!

5. MOSE 20,4

Bei dem Herrn findet man Hilfe. Dein Segen komme über dein Volk!

PSALM 3,9 (LÜ)

Dies alles habe ich euch gesagt, damit ihr durch mich Frieden habt. In der Welt habt ihr Angst, aber lasst euch nicht entmutigen: Ich habe die Welt besiegt.

JOHANNES 16,33

Kann man wirklich noch mehr erwarten? Wenn Gott für uns ist, wer kann dann gegen uns sein?

RÖMER 8,31

Was eurem Glauben bisher an Prüfungen zugemutet wurde, überstieg nicht eure Kraft. Gott steht zu euch. Er lässt nicht zu, dass die Versuchung größer ist, als ihr es ertragen könnt. Wenn euer Glaube auf die Probe gestellt wird, schafft Gott auch die Möglichkeit, sie zu bestehen.

1. KORINTHER 10,13

Tod, wo ist dein Sieg? Tod, wo bleibt nun deine Macht?

1. KORINTHER 15,55

Aber gelobt sei Gott, der uns den Sieg schenkt durch Jesus Christus, unseren Herrn!

1. KORINTHER 15,57

Jedes Kind Gottes kann den Sieg erringen über alles, was sich in dieser Welt Gott widersetzt. Ja, unser Glaube hat diese Welt bereits besiegt.

1. JOHANNES 5,4

STRESS

Ja, ich sage es noch einmal: „Sei mutig und entschlossen! Lass dich nicht einschüchtern, und hab keine Angst! Denn ich, der Herr, dein Gott, bin bei dir, wohin du auch gehst.“

JOSUA 1,9

Überlass alle deine Sorgen dem Herrn! Er wird dich wieder aufrichten; niemals lässt er den scheitern, der treu zu ihm steht.

PSALM 55,23

Doch ich segne jeden, der mir ganz und gar vertraut. Er ist wie ein Baum, der nah am Bach steht und seine Wurzeln zum Wasser streckt: Die Hitze fürchtet er nicht, denn seine Blätter bleiben grün. Auch wenn ein trockenes Jahr kommt, sorgt er sich nicht, sondern trägt Jahr für Jahr Frucht.

JEREMIA 17,7-8

Kommt alle her zu mir, die ihr euch abmüht und unter eurer Last leidet! Ich werde euch Ruhe geben. Lasst euch von mir in den Dienst nehmen, und lernt von mir! Ich meine es gut mit euch und sehe auf niemanden herab. Bei mir findet ihr Ruhe für euer Leben. Mir zu dienen ist keine Bürde für euch, meine Last ist leicht.

MATTHÄUS 11,28-30

Die Schwierigkeiten bedrängen uns von allen Seiten, und doch werden wir nicht von ihnen überwältigt. Wir sind oft ratlos, aber nie verzweifelt. Von Menschen werden wir verfolgt, aber bei Gott finden wir Zuflucht. Wir werden zu Boden geschlagen, aber wir kommen dabei nicht um.

2. KORINTHER 4,8-9

Natürlich bin auch ich nur ein Mensch, aber ich kämpfe nicht mit menschlichen Mitteln. Ich setze nicht die Waffen dieser Welt ein, sondern die Waffen Gottes. Sie sind mächtig genug, jede Festung zu zerstören, jedes menschliche Gedankengebäude niederzureißen, einfach alles zu vernichten, was sich stolz gegen Gott und seine Wahrheit erhebt. Alles menschliche Denken nehmen wir gefangen und unterstellen es Christus, weil wir ihm gehorchen wollen.

2. KORINTHER 10,3-5

Macht euch keine Sorgen! Ihr dürft Gott um alles bitten. Sagt ihm, was euch fehlt, und dankt ihm! Und Gottes Friede, der all unser Verstehen übersteigt, wird eure Herzen und Gedanken im Glauben an Jesus Christus bewahren.

PHILIPPER 4,6-7

Deshalb beugt euch unter Gottes mächtige Hand. Gott wird euch aufrichten, wenn seine Zeit da ist. Ladet alle eure Sorgen bei Gott ab, denn er sorgt für euch.

1. PETRUS 5,6-7

TROST

Der Herr selbst geht vor dir her. Er steht dir zur Seite und verlässt dich nicht. Immer hält er zu dir. Hab keine Angst, und lass dich von niemandem einschüchtern!

5. MOSE 31,8

Ja, ich sage es noch einmal: Sei mutig und entschlossen! Lass dich nicht einschüchtern, und hab keine Angst! Denn ich, der Herr, dein Gott, bin bei dir, wohin du auch gehst.

JOSUA 1,9

Die Unterdrückten finden bei Gott Zuflucht. In schwerer Zeit beschützt er sie.

PSALM 9,10

Und geht es auch durch dunkle Täler, fürchte ich mich nicht, denn du, Herr, bist bei mir. Du beschützt mich mit deinem Hirtenstab.

PSALM 23,4

Der Herr ist mein Licht, er rettet mich. Vor wem sollte ich mich noch fürchten? Bei ihm bin ich geborgen wie in einer Burg. Vor wem sollte ich noch zittern und zagen?

PSALM 27,1

Gott ist unsere Zuflucht und Stärke, ein bewährter Helfer in Zeiten der Not.

PSALM 46,2

Herr, gib mir ein sichtbares Zeichen deiner Güte! Dann werden alle, die mich hassen, sich schämen, weil du, Herr, mir geholfen und mich getröstet hast!

PSALM 86,17

Lass mich deine Gnade erfahren, und tröste mich, wie du es mir versprochen hast!

PSALM 119,76

UNSICHERHEIT

Doch der Herr sagte zu ihm: „Lass dich von seinem Aussehen und von seiner Größe nicht beeindrucken. Er ist es nicht. Denn ich urteile nach anderen Maßstäben als die Menschen. Für die Menschen ist wichtig, was sie mit den Augen wahrnehmen können; ich dagegen schaue jedem Menschen ins Herz.“

1. SAMUEL 16,7

Zerbrecht euch also nicht mehr den Kopf mit Fragen wie: „Werden wir genug zu essen haben? Und was werden wir trinken? Was sollen wir anziehen?“ Mit solchen Dingen beschäftigen sich nur Menschen, die Gott nicht kennen. Euer Vater im Himmel weiß doch genau, dass ihr dies alles braucht. Sorgt euch vor allem um Gottes neue Welt, und lebt nach Gottes Willen! Dann wird er euch mit allem anderen versorgen. Deshalb sorgt euch nicht um morgen – der nächste Tag wird für sich selber sorgen! Es ist doch genug, wenn jeder Tag seine eigenen Lasten hat.

MATTHÄUS 6,31-34

Passt euch nicht dieser Welt an, sondern ändert euch, indem ihr euch von Gott völlig neu ausrichten lasst. Nur dann könnt ihr beurteilen, was Gottes Wille ist, was gut und vollkommen ist und was ihm gefällt.

RÖMER 12,2

Für euch alle gilt: Werdet stark, weil ihr mit dem Herrn verbunden seid, mit seiner Macht und seiner Stärke! Greift zu den Waffen Gottes, damit ihr alle heimtückischen Anschläge des Teufels abwehren könnt! Denn wir kämpfen nicht gegen Menschen, sondern gegen Mächte und Gewalten des Bösen, die über diese gottlose Welt herrschen und im Unsichtbaren ihr unheilvolles Wesen treiben. Darum nehmt die Waffen Gottes! Nur gut gerüstet könnt ihr den Mächten des Bösen widerstehen, wenn es zum Kampf kommt. Nur so könnt ihr das Feld behaupten und den Sieg erringen. Rüstet euch gut für diesen Kampf! Die Wahrheit ist euer Gürtel und Gerechtigkeit euer Brustpanzer.

EPHESER 6,10-14

Macht euch keine Sorgen! Ihr dürft Gott um alles bitten. Sagt ihm, was euch fehlt, und dankt ihm! Und Gottes Friede, der all unser Verstehen übersteigt, wird eure Herzen und Gedanken im Glauben an Jesus Christus bewahren.

PHILIPPER 4,6-7

VERGEBUNG

Wenn dieses Volk, das meinen Namen trägt, seine Sünde bereut, von seinen falschen Wegen umkehrt und nach mir fragt, dann will ich ihnen vergeben und ihr Land wieder fruchtbar machen.

2. CHRONIK 7,14

Glücklich sind alle, denen Gott ihre Sünden vergeben und ihre Schuld zugedeckt hat!

PSALM 32,1

So fern, wie der Osten vom Westen liegt, so weit wirft Gott unsere Schuld von uns fort!

PSALM 103,12

Ich werde euch alles vergeben – aus freien Stücken. Ich werde alles Böse für immer vergessen.

JESAJA 43,25

Euer Vater im Himmel wird euch vergeben, wenn ihr den Menschen vergebt, die euch Unrecht getan haben. Wenn ihr ihnen aber nicht vergeben wollt, dann wird Gott auch eure Schuld nicht vergeben.

MATTHÄUS 6,14-15

Seid vielmehr freundlich und barmherzig, und vergebt einander, so wie Gott euch durch Jesus Christus vergeben hat.

EPHESER 4,32

Ertragt einander, und seid bereit, einander zu vergeben, selbst wenn ihr glaubt, im Recht zu sein. Denn auch Christus hat euch vergeben.

KOLOSSER 3,13

Wenn wir aber unsere Sünden bekennen, dann erfüllt Gott seine Zusage treu und gerecht: Er wird unsere Sünden vergeben und uns von allem Bösen reinigen.

1. JOHANNES 1,9

ZUVERSICHT

Und der Gerechtigkeit Frucht wird Friede sein, und der Ertrag der Gerechtigkeit wird ewige Stille und Sicherheit sein.

JESAJA 32,17 (LÜ)

Gesegnet aber ist der Mann, der sich auf den Herrn verlässt und dessen Zuversicht der Herr ist.

JEREMIA 17,7 (LÜ)

Denn ich bin ganz sicher: Weder Tod noch Leben, weder Engel noch Dämonen, weder Gegenwärtiges noch Zukünftiges, noch irgendwelche Gewalten, weder Hohes noch Tiefes oder sonst irgendetwas können uns von der Liebe Gottes trennen, die er uns in Jesus Christus, unserem Herrn, schenkt.

RÖMER 8,38-39

Durch Christus und unseren Glauben an ihn können wir nun ohne Furcht und voller Zuversicht zu Gott kommen.

EPHESER 3,12 (NL)

Aus diesem Grund leide ich dies alles; aber ich schäme mich dessen nicht; denn ich weiß, an wen ich glaube, und bin gewiss, er kann mir bewahren, was mir anvertraut ist, bis an jenen Tag.

2. TIMOTHEUS 1,12 (LÜ)

Lasst uns deshalb zuversichtlich vor den Thron unseres gnädigen Gottes treten. Dort werden wir Barmherzigkeit empfangen und Gnade finden, die uns helfen wird, wenn wir sie brauchen.

HEBRÄER 4,16 (NL)

Wenn Gottes Liebe uns ganz erfüllt, können wir dem Tag des Gerichts voller Zuversicht entgegengehen. Denn wir leben in dieser Welt so, wie Christus es getan hat. Wirkliche Liebe ist frei von Angst.

1. JOHANNES 4,17

Wir dürfen uns darauf verlassen, dass Gott unser Beten erhört, wenn wir ihn um etwas bitten, was seinem Willen entspricht.

1. JOHANNES 5,14

ANHANG 3

BIBELVERSE ZUR BESSEREN KONTROLLE UNSERER GEDANKEN

Wie ein Mensch in seinem Herzen denkt, so ist er.

SPRÜCHE 23,7 (NACH KING JAMES ÜBERSETZT)

Kommentar: Dieser Vers sagt uns, dass wir *zu dem werden, über das wir nachdenken*. Dementsprechend wird unser Leben den Gedanken, die am dominantesten sind, folgen. Es ist so, als würde man sagen: „Ob du nun denkst, du kannst es, oder denkst, du kannst es nicht – du hast jedes Mal Recht."

Von den zehn Kundschaftern, die Mose ins Gelobte Land schickte, kamen acht zurück und sagten: „Da sind Riesen in dem Land, und wir sind im Vergleich zu ihnen klein wie Heuschrecken" (4. Mose 13,33 paraphrasiert). Diese Männer sahen sich nicht als fähig genug an, das Gelobte Land zu erobern, und keiner von ihnen hat es dann auch je betreten. Aber zwei der Männer, Josua und Kaleb, sagten: „Wir sind stark genug, das

Land zu erobern. Wir müssen nur losziehen und es in Besitz nehmen!" (4. Mose 13,30). Sie waren schließlich die einzigen zwei Menschen aus dieser Generation von Israeliten, die in das Gelobte Land einzogen.

Betrachten auch Sie sich als von Gott befähigt, das zu tun, wozu er Sie berufen hat, oder sehen Sie sich als kleine Heuschrecke?

Im Übrigen, ihr Brüder, alles, was wahrhaftig, was ehrbar, was gerecht, was rein, was liebenswert, was wohllautend, was irgendeine Tugend oder etwas Lobenswertes ist, darauf seid bedacht!

PHILIPPER 4,8 (SÜ)

Kommentar: Dieser Vers trägt uns auf, uns mit dem zu beschäftigen, was in unserem Leben gut ist, nicht mit dem, was schlecht ist. Beschäftigten Sie sich deshalb mit Gott und seiner Wahrheit und nicht mit Ihren Problemen. Beschäftigen Sie sich mit positiven, glaubenserfüllten Aussagen. Wir sind die Einzigen, die die Kontrolle über unser Gedankenleben haben; Gott wird es nicht für uns tun. Wir müssen uns mit Gedanken beschäftigen, die uns zum Sieg führen statt zum Aufgeben.

Und passt euch nicht diesem Weltlauf an, sondern lasst euch in eurem Wesen verwandeln durch die Erneuerung eures Sinnes.

RÖMER 12,2 (SÜ)

Kommentar: Dieser Vers fordert uns dazu auf, nicht wie die Welt zu denken und zu handeln. Stattdessen zeigt er uns, wie wir uns mithilfe eines erneuerten Geistes verändern können.

Wie aber erneuern wir unseren Geist? Indem wir ihn täglich mit dem Wort Gottes, mit Lob, Musik, wohltuenden Inhalten und positiven Aussagen füllen.

Lasst euch stattdessen einen neuen Geist und ein verändertes Denken geben.

EPHESER 4,23 (NL)

Kommentar: Auch dieser Vers hält uns dazu an, unseren Geist immer wieder erneuern zu lassen und uns ein ganz neues verändertes Denken anzueignen.

Alles menschliche Denken nehmen wir gefangen und unterstellen es Christus, weil wir ihm gehorchen wollen.

2. KORINTHER 10,5

Kommentar: Im Vers davor ging es um die Erneuerung unseres Geistes, hier geht es darum, unser Denken *gefangen* zu nehmen, es also dem Gehorsam Christus gegenüber zu unterstellen. Gott sagt uns, dass wir unsere Gedanken so kontrollieren sollen, dass sie alle im Einklang mit seinem Wort sind. Wenn ein Gedanke kommt, der nicht zu seinem Wort passt, dann sollen wir ihn aktiv zurückweisen und ihn mit Gedanken ersetzen, die seinem Wort und Willen entsprechen.

Herr, du gibst Frieden dem, der sich fest an dich hält und dir allein vertraut!

JESAJA 26,3

Kommentar: Dieser Vers erklärt, wie wir in vollkommenem Frieden leben können, egal, was in unserem Leben passiert: Halten Sie Ihre Gedanken auf Gott *gerichtet* – nicht auf Ihre Probleme oder darauf, was in der Wirtschaft und der Welt passiert, was Menschen sagen oder tun. Wenn wir das machen, dann verspricht er uns nicht nur Frieden, sondern *vollkommenen* Frieden.

Richtet eure Gedanken auf Gottes unsichtbare Welt und nicht auf das, was die irdische Welt zu bieten hat.

KOLOSSER 3,2

Kommentar: Wie der Vers zuvor, der uns dazu auffordert, unseren Geist auf Gott auszurichten, sagt auch dieser, dass wir unsere Gedanken auf Gottes Welt *ausrichten* sollen und nicht auf das, was auf dieser irdischen Welt vor sich geht. Das Schlüsselwort ist hier *ausrichten.* Wir sollen unseren Geist auf Gottes unsichtbare Welt lenken. Gott wird das nicht für uns tun, sondern wir müssen hier selbst aktiv werden. Denn wenn wir unsere Gedanken nicht in die richtige Richtung lenken, wird es der Feind für uns tun, dann werden unsere Gefühle, unsere Umstände oder andere Menschen die Kontrolle über unsere Gedanken übernehmen. Wir müssen aktiv unsere Gedanken auf die richtigen Dinge ausrichten – und das den ganzen Tag über.

ANHANG 4

BIBELLESEPLAN FÜR EIN JAHR

Dieser Bibelleseplan für ein ganzes Jahr wird Ihnen dabei helfen, Gott besser zu verstehen und kennenzulernen. Er wird Sie geistlich auf jeder Entwicklungsstufe Ihres Glaubenslebens mit Nahrung versorgen, sodass Sie auf Ihrem gemeinsamen Weg mit Gott zu dem Menschen werden, zu dem er Sie geschaffen hat.

Januar

1 1. Mose 1–2; Matthäus 1
2 1. Mose 3–5; Matthäus 2
3 1. Mose 6–8; Matthäus 3
4 1. Mose 9–11; Matthäus 4
5 1. Mose 12–14; Matthäus 5,1-26
6 1. Mose 15–17; Matthäus 5,27-48
7 1. Mose 18–19; Matthäus 6
8 1. Mose 20–22; Matthäus 7
9 1. Mose 23–24; Matthäus 8

10 1. Mose 25–26; Matthäus 9,1-17
11 1. Mose 27–28; Matthäus 9,18-38
12 1. Mose 29–30; Matthäus 10,1-23
13 1. Mose 31–32; Matthäus 10,24-42
14 1. Mose 33–35; Matthäus 11
15 1. Mose 36–37; Matthäus 12,1-21
16 1. Mose 38–40; Matthäus 12,22-50
17 1. Mose 41; Matthäus 13,1-32
18 1. Mose 42–43; Matthäus 13,33-58
19 1. Mose 44–45; Matthäus 14,1-21
20 1. Mose 46–48; Matthäus 14,22-36
21 1. Mose 49–50; Matthäus 15,1-20
22 2. Mose 1–3; Matthäus 15,21-39
23 2. Mose 4–6; Matthäus 16
24 2. Mose 7–8; Matthäus 17
25 2. Mose 9–10; Matthäus 18,1-20
26 2. Mose 11–12; Matthäus 18,21-35
27 2. Mose 13–15; Matthäus 19,1-15
28 2. Mose 16–18; Matthäus 19,16-30
29 2. Mose 19–21; Matthäus 20,1-16
30 2. Mose 22–24; Matthäus 20,17-34
31 2. Mose 25–26; Matthäus 21,1-22

Februar

1 2. Mose 27–28; Matthäus 21,23-46
2 2. Mose 29–30; Matthäus 22,1-22
3 2. Mose 31–33; Matthäus 22,23-46
4 2. Mose 34–36; Matthäus 23,1-22
5 2. Mose 37–38; Matthäus 23,23-39
6 2. Mose 39–40; Matthäus 24,1-22

7 3. Mose 1–3; Matthäus 24,23-51
8 3. Mose 4–6; Matthäus 25,1-30
9 3. Mose 7–9; Matthäus 25,31-46
10 3. Mose 10–12; Matthäus 26,1-19
11 3. Mose 13; Matthäus 26,20-54
12 3. Mose 14; Matthäus 26,55-75
13 3. Mose 15–17; Matthäus 27,1-31
14 3. Mose 18–19; Matthäus 27,32-66
15 3. Mose 20–21; Matthäus 28
16 3. Mose 22–23; Markus 1,1-22
17 3. Mose 24–25; Markus 1,23-45
18 3. Mose 26–27; Markus 2
19 4. Mose 1–2; Markus 3,1-21
20 4. Mose 3–4; Markus 3,22-35
21 4. Mose 5–6; Markus 4,1-20
22 4. Mose 7; Markus 4,21-41
23 4. Mose 8–10; Markus 5,1-20
24 4. Mose 11–13; Markus 5,21-43
25 4. Mose 14–15; Markus 6,1-32
26 4. Mose 16–17; Markus 6,33-56
27 4. Mose 18–20; Markus 7,1-13
28 4. Mose 21–22; Markus 7,14-37
29 4. Mose 23–25; Markus 8,1-21

März

1 4. Mose 26–27; Markus 8,22-38
2 4. Mose 28–29; Markus 9,1-29
3 4. Mose 30–31; Markus 9,30-50
4 4. Mose 32–33; Markus 10,1-31
5 4. Mose 34–36; Markus 10,32-52

6 5. Mose 1–2; Markus 11,1-19
7 5. Mose 3–4; Markus 11,20-33
8 5. Mose 5–7; Markus 12,1-27
9 5. Mose 8–10; Markus 12,28-44
10 5. Mose 11–13; Markus 13,1-13
11 5. Mose 14–16; Markus 13,14-37
12 5. Mose 17–19; Markus 14,1-25
13 5. Mose 20–22; Markus 14,26-50
14 5. Mose 23–25; Markus 14,51-72
15 5. Mose 26–27; Markus 15,1-26
16 5. Mose 28; Markus 15,27-47
17 5. Mose 29–30; Markus 16
18 5. Mose 31–32; Lukas 1,1-23
19 5. Mose 33–34; Lukas 1,24-56
20 Josua 1–3; Lukas 1,57-80
21 Josua 4–6; Lukas 2,1-24
22 Josua 7–8; Lukas 2,25-52
23 Josua 9–10; Lukas 3
24 Josua 11–13; Lukas 4,1-32
25 Josua 14–15; Lukas 4,33-44
26 Josua 16–18; Lukas 5,1-16
27 Josua 19–20; Lukas 5,17-39
28 Josua 21–22; Lukas 6,1-26
29 Josua 23–24; Lukas 6,27-49
30 Richter 1–2; Lukas 7,1-30
31 Richter 3–5; Lukas 7,31-50

April

1 Richter 6–7; Lukas 8,1-21
2 Richter 8–9; Lukas 8,22-56

3 Richter 10–11; Lukas 9,1-36
4 Richter 12–14; Lukas 9,37-62
5 Richter 15–17; Lukas 10,1-24
6 Richter 18–19; Lukas 10,25-42
7 Richter 20–21; Lukas 11,1-28
8 Ruth; Lukas 11,29-54
9 1. Samuel 1–3; Lukas 12,1-34
10 1. Samuel 4–6; Lukas 12,35-59
11 1. Samuel 7–9; Lukas 13,1-21
12 1. Samuel 10–12; Lukas 13,22-35
13 1. Samuel 13–14; Lukas 14,1-24
14 1. Samuel 15–16; Lukas 14,25-35
15 1. Samuel 17–18; Lukas 15,1-10
16 1. Samuel 19–21; Lukas 15,11-32
17 1. Samuel 22–24; Lukas 16,1-18
18 1. Samuel 25–26; Lukas 16,19-31
19 1. Samuel 27–29; Lukas 17,1-19
20 1. Samuel 30–31; Lukas 17,20-37
21 2. Samuel 1–3; Lukas 18,1-17
22 2. Samuel 4–6; Lukas 18,18-43
23 2. Samuel 7–9; Lukas 19,1-28
24 2. Samuel 10–12; Lukas 19,29-48
25 2. Samuel 13–14; Lukas 20,1-26
26 2. Samuel 15–16; Lukas 20,27-47
27 2. Samuel 17–18; Lukas 21,1-19
28 2. Samuel 19–20; Lukas 21,20-38
29 2. Samuel 21–22; Lukas 22,1-30
30 2. Samuel 23–24; Lukas 22,31-53

Mai

1 1. Könige 1–2; Lukas 22,54-71
2 1. Könige 3–5; Lukas 23,1-26
3 1. Könige 6–7; Lukas 23,27-38
4 1. Könige 8–9; Lukas 23,39-56
5 1. Könige 10–11; Lukas 24,1-35
6 1. Könige 12–13; Lukas 24,36-53
7 1. Könige 14–15; Johannes 1,1-28
8 1. Könige 16–18; Johannes 1,29-51
9 1. Könige 19–20; Johannes 2
10 1. Könige 21–22; Johannes 3,1-21
11 2. Könige 1–3; Johannes 3,22-36
12 2. Könige 4–5; Johannes 4,1-30
13 2. Könige 6–8; Johannes 4,31-54
14 2. Könige 9–11; Johannes 5,1-24
15 2. Könige 12–14; Johannes 5,25-47
16 2. Könige 15–17; Johannes 6,1-21
17 2. Könige 18–19; Johannes 6,22-44
18 2. Könige 20–22; Johannes 6,45-71
19 2. Könige 23–25; Johannes 7,1-31
20 1. Chronik 1–2; Johannes 7,32-53
21 1. Chronik 3–5; Johannes 8,1-20
22 1. Chronik 6–7; Johannes 8,21-36
23 1. Chronik 8–10; Johannes 8,37-59
24 1. Chronik 11–13; Johannes 9,1-23
25 1. Chronik 14–16; Johannes 9,24-41
26 1. Chronik 17–19; Johannes 10,1-21
27 1. Chronik 20–22; Johannes 10,22-42
28 1. Chronik 23–25; Johannes 11,1-17
29 1. Chronik 26–27; Johannes 11,18-46

30 1. Chronik 28–29; Johannes 11,47-57
31 2. Chronik 1–3; Johannes 12,1-19

Juni

1 2. Chronik 4–6; Johannes 12,20-50
2 2. Chronik 7–9; Johannes 13,1-17
3 2. Chronik 10–12; Johannes 13,18-38
4 2. Chronik 13–16; Johannes 14
5 2. Chronik 17–19; Johannes 15
6 2. Chronik 20–22; Johannes 16,1-15
7 2. Chronik 23–25; Johannes 16,16-33
8 2. Chronik 26–28; Johannes 17
9 2. Chronik 29–31; Johannes 18,1-23
10 2. Chronik 32–33; Johannes 18,24-40
11 2. Chronik 34–36; Johannes 19,1-22
12 Esra 1–2; Johannes 19,23-42
13 Esra 3–5; Johannes 20
14 Esra 6–8; Johannes 21
15 Esra 9–10; Apostelgeschichte 1
16 Nehemia 1–3; Apostelgeschichte 2,1-13
17 Nehemia 4–6; Apostelgeschichte 2,14-47
18 Nehemia 7–8; Apostelgeschichte 3
19 Nehemia 9–11; Apostelgeschichte 4,1-22
20 Nehemia 12–13; Apostelgeschichte 4,23-37
21 Esther 1–3; Apostelgeschichte 5,1-16
22 Esther 4–6; Apostelgeschichte 5,17-42
23 Esther 7–10; Apostelgeschichte 6
24 Hiob 1–3; Apostelgeschichte 7,1-19
25 Hiob 4–6; Apostelgeschichte 7,20-43
26 Hiob 7–9; Apostelgeschichte 7,44-60

27 Hiob 10–12; Apostelgeschichte 8,1-25
28 Hiob 13–15; Apostelgeschichte 8,26-40
29 Hiob 16–18; Apostelgeschichte 9,1-22
30 Hiob 19–20; Apostelgeschichte 9,23-43

Juli

1 Hiob 21–22; Apostelgeschichte 10,1-23
2 Hiob 23–25; Apostelgeschichte 10,24-48
3 Hiob 26–28; Apostelgeschichte 11
4 Hiob 29–30; Apostelgeschichte 12
5 Hiob 31–32; Apostelgeschichte 13,1-23
6 Hiob 33–34; Apostelgeschichte 13,24-52
7 Hiob 35–37; Apostelgeschichte 14
8 Hiob 38–39; Apostelgeschichte 15,1-21
9 Hiob 40–42; Apostelgeschichte 15,22-41
10 Psalm 1–3; Apostelgeschichte 16,1-15
11 Psalm 4–6; Apostelgeschichte 16,16-40
12 Psalm 7–9; Apostelgeschichte 17,1-15
13 Psalm 10–12; Apostelgeschichte 17,16-34
14 Psalm 13–16; Apostelgeschichte 18
15 Psalm 17–18; Apostelgeschichte 19,1-20
16 Psalm 19–21; Apostelgeschichte 19,21-40
17 Psalm 22–24; Apostelgeschichte 20,1-16
18 Psalm 25–27; Apostelgeschichte 20,17-38
19 Psalm 28–30; Apostelgeschichte 21,1-14
20 Psalm 31–33; Apostelgeschichte 21,15-40
21 Psalm 34–35; Apostelgeschichte 22
22 Psalm 36–37; Apostelgeschichte 23,1-11
23 Psalm 38–40; Apostelgeschichte 23,12-35
24 Psalm 41–43; Apostelgeschichte 24

25 Psalm 44–46; Apostelgeschichte 25
26 Psalm 47–49; Apostelgeschichte 26
27 Psalm 50–52; Apostelgeschichte 27,1-25
28 Psalm 53–55; Apostelgeschichte 27,26-44
29 Psalm 56–58; Apostelgeschichte 28,1-15
30 Psalm 59–61; Apostelgeschichte 28,16-31
31 Psalm 62–64; Römer 1

August

1 Psalm 65–67; Römer 2
2 Psalm 68–69; Römer 3
3 Psalm 70–72; Römer 4
4 Psalm 73–74; Römer 5
5 Psalm 75–77; Römer 6
6 Psalm 78; Römer 7
7 Psalm 79–81; Römer 8,1-18
8 Psalm 82–84; Römer 8,19-39
9 Psalm 85–87; Römer 9
10 Psalm 88–89; Römer 10
11 Psalm 90–92; Römer 11,1-21
12 Psalm 93–95; Römer 11,22-36
13 Psalm 96–98; Römer 12
14 Psalm 99–102; Römer 13
15 Psalm 103–104; Römer 14
16 Psalm 105–106; Römer 15,1-20
17 Psalm 107–108; Römer 15,21-33
18 Psalm 109–111; Römer 16
19 Psalm 112–115; 1. Korinther 1
20 Psalm 116–118; 1. Korinther 2
21 Psalm 119,1-48; 1. Korinther 3

22 Psalm 119,49-104; 1. Korinther 4
23 Psalm 119,105-176; 1. Korinther 5
24 Psalm 120–123; 1. Korinther 6
25 Psalm 124–127; 1. Korinther 7,1-24
26 Psalm 128–131; 1. Korinther 7,25-40
27 Psalm 132–135; 1. Korinther 8
28 Psalm 136–138; 1. Korinther 9
29 Psalm 139–141; 1. Korinther 10,1-13
30 Psalm 142–144; 1. Korinther 10,14-33
31 Psalm 145–147; 1. Korinther 11,1-15

September

1 Psalm 148–150; 1. Korinther 11,16-34
2 Sprüche 1–2; 1. Korinther 12
3 Sprüche 3–4; 1. Korinther 13
4 Sprüche 5–6; 1. Korinther 14,1-20
5 Sprüche 7–8; 1. Korinther 14,21-40
6 Sprüche 9–10; 1. Korinther 15,1-32
7 Sprüche 11–12; 1. Korinther 15,33-58
8 Sprüche 13–14; 1. Korinther 16
9 Sprüche 15–16; 2. Korinther 1
10 Sprüche 17–18; 2. Korinther 2
11 Sprüche 19–20; 2. Korinther 3
12 Sprüche 21–22; 2. Korinther 4
13 Sprüche 23–24; 2. Korinther 5
14 Sprüche 25–27; 2. Korinther 6
15 Sprüche 28–29; 2. Korinther 7
16 Sprüche 30–31; 2. Korinther 8
17 Prediger 1–3; 2. Korinther 9
18 Prediger 4–6; 2. Korinther 10

19 Prediger 7–9; 2. Korinther 11,1-15
20 Prediger 10–12; 2. Korinther 11,16-33
21 Hohelied 1–3; 2. Korinther 12
22 Hohelied 4–5; 2. Korinther 13
23 Hohelied 6–8; Galater 1
24 Jesaja 1–3; Galater 2
25 Jesaja 4–6; Galater 3
26 Jesaja 7–9; Galater 4
27 Jesaja 10–12; Galater 5
28 Jesaja 13–15; Galater 6
29 Jesaja 16–18; Epheser 1
30 Jesaja 19–21; Epheser 2

Oktober

1 Jesaja 22–23; Epheser 3
2 Jesaja 24–26; Epheser 4
3 Jesaja 27–28; Epheser 5
4 Jesaja 29–30; Epheser 6
5 Jesaja 31–33; Philipper 1
6 Jesaja 34–36; Philipper 2
7 Jesaja 37–38; Philipper 3
8 Jesaja 39–40; Philipper 4
9 Jesaja 41–42; Kolosser 1
10 Jesaja 43–44; Kolosser 2
11 Jesaja 45–47; Kolosser 3
12 Jesaja 48–49; Kolosser 4
13 Jesaja 50–52; 1. Thessalonicher 1
14 Jesaja 53–55; 1. Thessalonicher 2
15 Jesaja 56–58; 1. Thessalonicher 3
16 Jesaja 59–61; 1. Thessalonicher 4

17 Jesaja 62–64; 1. Thessalonicher 5
18 Jesaja 65–66; 2. Thessalonicher 1
19 Jeremia 1–2; 2. Thessalonicher 2
20 Jeremia 3–4; 2. Thessalonicher 3
21 Jeremia 5–6; 1. Timotheus 1
22 Jeremia 7–8; 1. Timotheus 2
23 Jeremia 9–10; 1 Timotheus 3
24 Jeremia 11–13; 1. Timotheus 4
25 Jeremia 14–16; 1. Timotheus 5
26 Jeremia 17–19; 1. Timotheus 6
27 Jeremia 20–22; 2. Timotheus 1
28 Jeremia 23–24; 2. Timotheus 2
29 Jeremia 25–26; 2. Timotheus 3
30 Jeremia 27–28; 2. Timotheus 4
31 Jeremia 29–30; Titus 1

November

1 Jeremia 31–32; Titus 2
2 Jeremia 33–35; Titus 3
3 Jeremia 36–37; Philemon
4 Jeremia 38–39; Hebräer 1
5 Jeremia 40–42; Hebräer 2
6 Jeremia 43–45; Hebräer 3
7 Jeremia 46–48; Hebräer 4
8 Jeremia 49–50; Hebräer 5
9 Jeremia 51–52; Hebräer 6
10 Klagelieder 1–2; Hebräer 7
11 Klagelieder 3–5; Hebräer 8
12 Hesekiel 1–3; Hebräer 9
13 Hesekiel 4–6; Hebräer 10,1-23

14 Hesekiel 7–9; Hebräer 10,24-39
15 Hesekiel 10–12; Hebräer 11,1-19
16 Hesekiel 13–15; Hebräer 11,20-40
17 Hesekiel 16; Hebräer 12
18 Hesekiel 17–19; Hebräer 13
19 Hesekiel 20–21; Jakobus 1
20 Hesekiel 22–23; Jakobus 2
21 Hesekiel 24–26; Jakobus 3
22 Hesekiel 27–28; Jakobus 4
23 Hesekiel 29–31; Jakobus 5
24 Hesekiel 32–33; 1. Petrus 1
25 Hesekiel 34–35; 1. Petrus 2
26 Hesekiel 36–37; 1. Petrus 3
27 Hesekiel 38–39; 1. Petrus 4
28 Hesekiel 40; 1. Petrus 5
29 Hesekiel 41–42; 2. Petrus 1
30 Hesekiel 43–44; 2. Petrus 2

Dezember

1 Hesekiel 45–46; 2. Petrus 3
2 Hesekiel 47–48; 1. Johannes 1
3 Daniel 1–2; 1. Johannes 2
4 Daniel 3–4; 1. Johannes 3
5 Daniel 5–6; 1. Johannes 4
6 Daniel 7–8; 1. Johannes 5
7 Daniel 9–10; 2. Johannes
8 Daniel 11–12; 3. Johannes
9 Hosea 1–4; Judas
10 Hosea 5–8; Offenbarung 1
11 Hosea 9–11; Offenbarung 2

12 Hosea 12–14; Offenbarung 3
13 Joel; Offenbarung 4
14 Amos 1–3; Offenbarung 5
15 Amos 4–6; Offenbarung 6
16 Amos 7–9; Offenbarung 7
17 Obadja; Offenbarung 8
18 Jona; Offenbarung 9
19 Micha 1–3; Offenbarung 10
20 Micha 4–5; Offenbarung 11
21 Micha 6–7; Offenbarung 12
22 Nahum; Offenbarung 13
23 Habakuk; Offenbarung 14
24 Zefanja; Offenbarung 15
25 Haggai; Offenbarung 16
26 Sacharja 1–3; Offenbarung 17
27 Sacharja 4–6; Offenbarung 18
28 Sacharja 7–9; Offenbarung 19
29 Sacharja 10–12; Offenbarung 20
30 Sacharja 13–14; Offenbarung 21
31 Maleachi; Offenbarung 22

ANHANG 5

BIBELVERSE ZUR MACHT UNSERER WORTE

Worte haben Macht: Sie können über Leben und Tod entscheiden.

SPRÜCHE 18,21

Kommentar: Mit unserer eigenen Zunge haben wir laut Bibel die Macht über Leben und Tod, über uns selbst, unsere Umstände, unsere Kinder, unsere Finanzen oder darüber, wenn einer unserer Lieben krank ist. Beachten Sie, dass die Betonung in diesem Vers nicht auf der Macht über Leben und Tod liegt, sondern auf der Macht unserer *Zunge (Worte).*

Ich sage euch das, weil ihr am Gerichtstag Rechenschaft ablegen müsst über jedes unnütze Wort, das ihr geredet habt. Eure Worte sind der Maßstab, nach dem ihr freigesprochen oder verurteilt werdet.

MATTHÄUS 12,36-37

Kommentar: Jesus bekräftigt den vorangegangenen Vers und erklärt, dass unsere Worte die Macht über *alles oder nichts* haben.

Denn das ist sicher: Wenn ihr glaubt und nicht im Geringsten daran zweifelt, dass es wirklich geschieht, könnt ihr zu diesem Berg hier sagen: „Hebe dich von der Stelle, und stürze dich ins Meer!“, und es wird geschehen.

MARKUS 11,23

Kommentar: Jesus sagt uns hier nicht, dass wir nur für den Berg beten sollen, sondern dass wir zu dem Berg sprechen sollen. Das kann man auf jeden *Berg* in unserem Leben anwenden, ob es nun eine Krankheit, ein finanzielles Problem oder Ähnliches ist. Er sagt weiter, wenn wir in unserem Herzen nicht daran zweifeln, dann werden wir das bekommen, was wir wünschen. Wenn wir negative Dinge aussprechen, werden wir negative Ergebnisse haben; wenn wir positiv sprechen, werden wir positive Ergebnisse erzielen.

So legen wir zum Beispiel den Pferden das Zaumzeug ins Maul und beherrschen sie damit. Und selbst die großen Schiffe, die nur von starken Winden vorangetrieben werden können, lenkt der Steuermann mit einem kleinen Ruder, wohin er will. Genauso ist es mit unserer Zunge. So klein sie auch ist, so groß ist ihre Wirkung! Ein kleiner Funke setzt einen ganzen Wald in Brand.

JAKOBUS 3,3-5

Kommentar: Dieser Vers macht besonders deutlich, dass unsere Zunge die gesamte Richtung unseres Lebens bestimmt – so wie das Mundstück im Pferdemaul oder das Schiffsruder im Schiff die Richtung bestimmen.

... wer mein Wort empfängt, soll es gewissenhaft als mein Wort verkünden. Meint ihr, Spreu und Weizen seien dasselbe? Ich, der Herr, sage euch: Mein Wort ist wie ein Feuer und wie ein Hammer, der Felsen in Stücke schlägt!

JEREMIA 23,28-29

Wer Gutes sagt und tut, dem wird es gut ergehen.

SPRÜCHE 12,14

Kommentar: Dieser erstaunliche Vers sagt uns ganz deutlich, wie es uns gut gehen wird: durch die Früchte unseres Mundes (unsere Worte). Wenn wir mit Gutem erfreut werden wollen, müssen immerzu Worte des Glaubens und des Sieges aus unserem Mund kommen.

Und sie [die Heiligen] haben ihn [den Teufel] überwunden durch des Lammes Blut und durch das Wort ihres Zeugnisses.

OFFENBARUNG 12,11 (LÜ)

Kommentar: Dieser Vers sagt nicht, dass wir den Teufel durch die *Gedanken* unseres Zeugnisses, sondern durch die *Worte* unseres Zeugnisses überwunden haben. Unser *Zeugnis* ist das, was Gottes Wort über uns sagt. Alles andere ist entweder eine Lüge durch den Feind oder falsches Denken von unserer Seite aus. Das Wort unseres Zeugnisses muss gesprochen werden, wie Jesus es tat, als er durch den Teufel in der Wüste versucht wurde. Er sagte dreimal zum Teufel: „Es steht geschrieben ..."

(Matthäus 4,4-10). Jesus zitierte vor dem Teufel aus der Schrift und erklärte ihm, was Gottes Wort über ihn, Jesus, sagte. Daraufhin verließ ihn der Teufel schließlich (Matthäus 4,11).

Wer seine Zunge im Zaum halten kann, schützt sich selbst.
Ein Großmaul richtet sich zugrunde.

SPRÜCHE 13,3

Überlege deine Worte, und dir bleibt viel Ärger erspart!

SPRÜCHE 21,23

... bist du gebunden durch deine Worte und gefangen in der Rede deines Mundes ...

SPRÜCHE 6,2 (LÜ)

ANHANG 6

POSITIVE AUSSAGEN FÜR UNSER TÄGLICHES LEBEN

Vertraut fest darauf, dass es geschieht,
dann geschieht es auch.
MARKUS 11,23 (GN)

Oftmals entscheidet die Art, wie wir unseren Tag beginnen, darüber, wie der Tag sich dann weiterhin entwickeln wird. Deshalb ist es so wichtig, dass wir unsere Gedanken morgens gleich als Erstes in die richtige Richtung lenken. Und das ist der Grund, weshalb der Feind es liebt, auf unsere Gedanken Einfluss zu nehmen, sobald wir aufwachen. Nutzen Sie deshalb die folgenden positiven Aussagen und sprechen Sie sie jeden Morgen laut aus, um auf diese Weise ihr Herz und ihren Mund auf Gott und einen erfolgreichen Tag auszurichten. Lernen Sie so viele dieser Aussagen wie möglich auswendig. Denken Sie darüber nach und sprechen Sie sie auch während des Tages immer wieder sich selbst zu. Denn die Gedanken, die Sie heute denken und aussprechen, werden ganz bestimmt Ihr Morgen beeinflussen.

- Ich bin gesegnet.
- Mir wurde vergeben, ich bin erlöst.
- Ich bin geliebt, akzeptiert und angenommen.
- Ich bin frei – von Krankheit, Armut, Mangel und jeder Art Fesseln oder Gefangenschaft.
- Ich bin geborgen und zuversichtlich.
- Ich bin weise, intelligent und kreativ.
- Ich bin konzentriert und diszipliniert.
- Ich bin erfolgreich.
- Ich bin talentiert.
- Ich werde mich weiterentfalten.
- Ich bin voller Elan, Kraft, Energie und Stärke.
- Ich bin Gottes Meisterwerk, nach seinem Bilde geschaffen.
- Ich habe eine göttliche Bestimmung und Zielrichtung.
- Ich bin ein Kind des allerhöchsten Gottes.
- Ich trage in allem einen überwältigenden Sieg davon (Römer 8,37; NL).
- Es ist mir alles durch Christus möglich, der mir Kraft gibt (Philipper 4,13; NL).
- Gott gibt mir allezeit den Sieg in Jesus Christus (2. Korinther 2,14; LÜ).
- Gottes Schutz umgibt mich wie ein Schild (Psalm 5,12).
- Gutes und Barmherzigkeit werden mir folgen mein Leben lang (Psalm 23,6; LÜ).
- Gottes Plan ist, mir Heil zu geben, Zukunft und Hoffnung (Jeremia 29,11; NL).

- Mein Leben gleicht einem Sonnenaufgang: Es wird heller und heller, bis es lichter Tag geworden ist (Sprüche 4,18).
- Gott führt alles, was mich betrifft, zu einem wunderbaren Ende (Psalm 138,8).

ERLÖSUNGSGEBET

Wenn Sie Jesus noch nie offiziell gebeten haben, Ihr Erlöser und Retter zu sein, oder wenn Ihre Beziehung zu Gott erkaltet ist und Sie Ihr Leben neu ordnen wollen, dann lade ich Sie ein, sich kurz Zeit zu nehmen und das jetzt zu tun. In der Bibel heißt es, dass *heute* der Tag der Erlösung ist, denn ob es ein Morgen gibt, ist nie sicher. Es gibt vielleicht keine Gelegenheit mehr, diese Entscheidung später zu treffen, deshalb verschieben Sie sie nicht. Beten Sie dieses einfache Gebet und laden Sie Jesus in Ihr Herz ein:

Herr Jesus, ich bereue alle meine Sünden. Ich bitte dich, in mein Herz zu kommen und es rein zu machen. Ich mache dich zu meinem Herrn und Erlöser. Danke, Jesus, dass du mich errettest und mich zum Teil der Familie Gottes machst. Hilf mir, dir jeden Tag zu folgen. In Jesu Namen, amen.

Wenn Sie dieses einfache Gebet gesprochen haben, dann sind Sie laut Bibel *wiedergeboren*. Das bedeutet einfach, dass Sie ein brandneues Leben in Christus haben. Sie sind nicht länger durch die Sünde von Gott getrennt. Jesus hat den Preis für alle Ihre Sünden gezahlt – aus Vergangenheit, Gegenwart und Zukunft –, damit Sie Teil der Familie Gottes sein können. Die Bibel sagt auch, Sie sind eine neue Kreatur in Christus. Sie mögen sich anfangs vielleicht nicht besonders anders fühlen, doch wenn Sie immer weiter mit Jesus gehen, werden Sie ihm allmählich ähnlicher werden.

WEITERE SCHRITTE

Um auf Ihrem Weg mit Jesus zu wachsen, ermutige ich Sie zu Folgendem:

1. Werden Sie Teil einer guten, biblisch ausgerichteten Gemeinde.
2. Verbringen Sie keine Zeit mit Freunden, die Sie von Ihrem Weg mit Jesus wegbringen. Laden Sie sie stattdessen in Ihre Gemeinde ein.
3. Sprechen Sie täglich mit Gott im Gebet. Seien Sie einfach Sie selbst und sprechen Sie mit Gott wie mit einem liebevollen Vater.
4. Lesen Sie täglich in der Bibel, um Gott und das Leben als Christ besser zu verstehen.

Wie Sie das Beste aus Ihrem Leben machen

„Gott will nicht, dass Sie die Kopie eines anderen Menschen sind. Sie sollen das Original sein, als das er Sie geschaffen hat. Er will Sie segnen – aber nicht, damit Sie jemand anderes sind, sondern damit Sie Sie selbst sind!"

Joel Osteen

In Ihnen steckt ein Gewinner. Sie wurden dazu geschaffen, erfolgreich zu sein, Ihre Ziele zu erreichen und in Ihrer Generation Spuren zu hinterlassen. Das glauben Sie nicht? Weil Ihnen Zweifel und Ängste vertrauter sind? Joel Osteen stellt Ihnen acht Eigenschaften vor, die Ihnen helfen, Ihr Potenzial zu entfalten und im besten Sinne ein erfolgreiches und erfülltes Leben zu führen. In welcher Lebenssituation auch immer Sie sich gerade befinden: Sie können und werden das schaffen!

MIX
Papier aus verantwortungsvollen Quellen
FSC® C014496
FSC
www.fsc.org

Die amerikanische Originalausgabe ist im Verlag
Faith Words, Hachette Group, New York, NY, erschienen
unter dem Titel „Fresh Start".

1. Auflage 2017
Bestell-Nr. 817251
ISBN 978-3-95734-251-5

Umschlaggestaltung: Björn Steffens
Umschlagmotiv: Shutterstock
Satz: Uhl + Massopust, Aalen
Druck und Verarbeitung: GGP Media GmbH, Pößneck
Printed in Germany

www.gerth.de